Training Rationeller lernen und arbeiten

Von Friedhelm Hülshoff und Rüdiger Kaldewey

Ernst Klett Verlag Stuttgart

3. korrigierte Auflage 1977

Printed in Germany
Satz: G. Müller, Heilbronn, Wilhelm Röck, Weinsberg
Druck: Wilhelm Röck, Weinsberg
Illustrationen und Einbandgestaltung: Dieter Zembsch
ISBN 3-12-924070-5

Inhalt

Vorwort

Auch wenn repräsentative Untersuchungen über die Ursachen von Schulversagen weithin fehlen, legen Befragungen, die im Bereich der Hochschule durchgeführt wurden, den Schluß nahe, daß Versagen in der Schule ähnliche Symptome aufweist und vielfach auf gleiche Ursachen zurückgeführt werden kann wie Mißerfolg im Studium.
Beklagt werden allgemein mangelnde Fähigkeit zu konzentrierter und andauernder Arbeit, rezeptives Lernverhalten, Motivationsmängel und durch Leistungsansprüche verursachte Schul- und Prüfungsangst. Als Folgen stellen sich Gefühle der Überforderung, Minderung des Selbstbewußtseins und Leistungsmängel ein.
Die Hochschule vermißt bei Studienanfängern die Kenntnis von unentbehrlichen Fertigkeiten und Fähigkeiten, die Voraussetzungen für geistige Arbeit sind.
Man beklagt die Unfähigkeit, Informationen sachgerecht zu beschaffen, zu verarbeiten und weiterzugeben; insbesondere vermißt man die Fähigkeit, Arbeit zeitlich sinnvoll zu planen, Fachliteratur rationell zu erarbeiten und Informationen in einer der Aufgabenstellung adäquaten Form als Facharbeit, Seminararbeit, mündliches Referat oder Protokoll weiterzugeben.
Daß neben anderen wichtigen Einflußfaktoren (Motivation, Intelligenz) die Unkenntnis oder mangelnde Beherrschung von Methoden und Techniken der geistigen Arbeit mit schulischem Mißerfolg korreliert, ist nachgewiesen.
Da die Sekundarstufe II der allgemeinbildenden Schulen die Fähigkeit zu wissenschaftspropädeutischem Arbeiten als wichtiges Lernziel anstrebt, müssen Arbeitstechniken und Methoden wissenschaftlichen Arbeitens eingeführt und systematisch trainiert werden.
Das vorliegende Buch bietet all den Schülern praxisorientierte Hilfen und Anregungen, die durch rationelle Lernmethoden und Arbeitstechniken ihre Arbeitsleistung und Studierfähigkeit verbessern wollen.

Saarbrücken, April 1976

Friedhelm Hülshoff
Rüdiger Kaldewey

1. Einleitung

1.1. Für wen dieses Buch geschrieben ist

Dieses Buch richtet sich

- **als Handbuch an Schüler, die effektivere Lernmethoden und Arbeitstechniken einüben möchten und nach Hilfen zur Bewältigung von typischen Lernanforderungen des Schulalltags suchen;**
- **als Lehr- und Arbeitsbuch an Lehrer, die die Einführung in Lernmethoden und Arbeitstechniken zum Unterrichtsgegenstand machen und dazu geeignetes Material benötigen;**
- **als Handreichung an Eltern, die Lernschwierigkeiten und -probleme ihrer Kinder beobachten und wirksame Hilfe leisten möchten.**

1.2. Zu welchem Zweck dieses Buch geschrieben ist

Dieses Buch kann nicht den Anspruch erfüllen, für alle Lernsituationen und Begabungsrichtungen geeignete Handlungsanweisungen zu liefern, aber es vermittelt aus Theorie und Praxis ein Repertoire rationeller *Techniken und erprobter Methoden,* die geeignet sind, individuelles Lernen und selbständiges Arbeiten zu fördern und zu verbessern.

Der Einübung dieser Techniken und Methoden dienen die den einzelnen Abschnitten und Kapiteln angefügten *Arbeitsaufgaben.*

Neben der Vermittlung grundlegender, fachübergreifender Lerntechniken und Methoden findet der Benutzer *konkrete Hilfen* für spezifische und für den Lernalltag typische Lernsituationen und Leistungsanforderungen. Diesem Zweck dienen das ausführliche Inhaltsverzeichnis, das Schlagwortregister und die zahlreichen Abbildungen und Formblätter.

Weiterhin sollen dem Leser elementare Bedingungen und Gesetzmäßigkeiten des Lernens bewußt gemacht werden. Dies soll ihn zur *Erkenntnis und Beurteilung eigenen Lernverhaltens* führen und ihn veranlassen, dieses gegebenenfalls zu verbessern. Schließlich sollen mit diesem Buch wiederholte Empfehlungen der Kultusministerkonferenz aufgegriffen werden, die eine stärkere Berücksichtigung wissenschaftspropädeutischen Arbeitens im Oberstufenunterricht nahelegen [1].

---

[1] Vgl. „Stuttgarter Empfehlungen" der Kultusministerkonferenz vom 28./29. September 1961:
„Der Schüler der Oberstufe soll sich die Methoden der geistigen Arbeit aneignen und das Zusammenspiel von Arbeitshaltung und Arbeitstechnik üben. Er wird in die unterschiedlichen Arbeitsformen der einzelnen Fächer eingeführt. Er soll lernen, wie man Literatur zu einer begrenzten Aufgabe sinnvoll benutzt. Besonderer Sorgfalt bedarf die Einführung in die Lektüre geeigneter wissenschaftlicher Darstellungen. Der Schüler soll die Eigenart eines Buches erfassen, Wesentliches von Unwesentlichem unterscheiden lernen und sich im sachgemäßen Exzerpieren üben. Er muß angeleitet werden, die häusliche Arbeit selbständig und sachgerecht zu planen und auszuführen."

Erneut und mit großer Dringlichkeit wird die Forderung nach Vermittlung und Einübung von Lernmethoden und Arbeitstechniken in der „Vereinbarung zur Neugestaltung der gymnasialen Oberstufe in der Sekundarstufe II“ vom 7. 7. 1972 erhoben.

Diese Forderungen haben nun endgültig als verpflichtende Lernziele Eingang in die Rahmenrichtlinien und curricularen Lehrpläne der Länder gefunden, ohne daß in den meisten Fällen Hilfen zur Umsetzung der Ziele in Unterricht angeboten werden.

Angesichts dieser Forderungen versteht sich das Buch als *Unterrichtshilfe*.

1.3. Wie man mit diesem Buch arbeitet

Wie Schüler damit arbeiten können

Für den Schüler bietet das Buch folgende Verwendungsmöglichkeiten:

- Als Arbeitsbuch dient es dem *Selbststudium*.
  In diesem Fall ist es nicht sinnvoll, das ganze Buch auf einmal durchzulesen, sondern es empfiehlt sich eine kapitelweise Erarbeitung, wobei man sich auf ein Kapitel pro Tag beschränken sollte.
  Zweckmäßig beginnt man mit dem Kapitel „Fachliteratur rationell erarbeiten“ und übt die dort vorgeschlagenen Lese- und Arbeitstechniken bei der weiteren Lektüre ein.
  Als nächstes Kapitel empfehlen wir die „Kleine angewandte Lernpsychologie“, weil diese den theoretischen Hintergrund für die in den übrigen Kapiteln vorgeschlagenen Techniken und Methoden bildet.
- Als kleines Handbuch bietet es eine Hilfe, wenn bestimmte *Aufgaben und Anforderungen* (z. B. Facharbeit, Protokolle, Referate, Prüfungen usw.) *des Schulalltags* rationelle Lernmethoden und Arbeitstechniken notwendig machen.
- Dem Schüler, der bereits bewußt oder unbewußt methodisch arbeitet, soll dies Buch *Anregungen* bieten, sein Arbeitsverhalten zu kontrollieren und gegebenenfalls weiter zu verbessern.
  Dem Schüler, der unter Lern- und Konzentrationsstörungen leidet, bietet dieses Buch Hilfen, diese durch *Training* und *geeignete Techniken* abzumildern oder zu beheben.

Wie Lehrer damit arbeiten können

Lehrern, die die Vermittlung von Techniken und Methoden geistiger Arbeit in der Sekundarstufe II für notwendig erachten, bietet das Buch zwei Möglichkeiten des Einsatzes im Unterricht:

- Es eignet sich als Arbeitsgrundlage zu einem *wissenschaftspropädeutischen Einführungskurs,* besonders zu Beginn der Klasse 11. Dabei könnten etwa die folgenden grundlegenden Themen zu einer Unterrichtsreihe zusammengestellt werden: „Kleine angewandte Lernpsychologie“, „Fachliteratur rationell erarbeiten“, „Überprüfen Sie Ihre Zeiteinteilung und genießen Sie Ihre Freizeit!“, „Organisieren Sie Ihren Arbeitsplatz!“, „Aktive Mitarbeit im Unterricht!“
- Eine *fallweise Behandlung* einschlägiger Kapitel bietet sich immer dann an, wenn Unterrichtsvorhaben und Arbeitsaufgaben die Anwendung von Techniken und Methoden geistiger Arbeit erforderlich machen. Dies kann der

Fall sein bei der Vergabe von Facharbeiten und Referaten, bei der Planung und Durchführung von gemeinsamen Projekten und Arbeitsvorhaben sowie bei der Vorbereitung von Prüfungen.

Am meisten Erfolg dürfte die Kombination beider Verfahren bewirken.

Wie Eltern damit arbeiten können

Das Buch will den Eltern, die ihren Kindern bei der Bewältigung von Lernschwierigkeiten und Schulproblemen Hilfe leisten möchten, sachkundige Anleitung bieten. Nicht immer ist Versagen in der Schule einen Folge unzureichender Eignung, sondern häufig das Ergebnis mangelhafter Arbeitshaltung und unzweckmäßiger Arbeitstechniken.

Zwar können im Rahmen dieses Buches lernpsychologische Erkenntnisse nur fragmentarisch referiert werden, aber insofern es zahlreiche Hinweise auf innere und äußere *Bedingungen erfolgreicher geistiger Arbeit* enthält, bietet es Hinweise, ob und in welcher Weise diese Bedingungen verbessert werden können.

Einerseits kann die Lektüre Verständnis erwecken für die Erfordernisse und Bedingungen selbständiger geistiger Arbeit von Oberstufenschülern, andererseits enthält es Vorschläge, wie Eltern jüngeren Schülern helfen können, ihr Arbeitsverhalten zu verbessern. Konkrete Hilfen für den letzten Fall enthalten besonders die Kapitel „Hausaufgaben: Unerläßlich, aber . . .?“, „Organisieren Sie Ihren Arbeitsplatz!“ und Abschnitte aus dem Kapitel „Kleine angewandte Lernpsychologie“.

Abschließend sei bemerkt, daß Kenntnis und Anwendung von Lernmethoden und Arbeitstechniken nur *eine* Voraussetzung für Schul- und Studienerfolge sind. Sie ersetzen nicht Intelligenz und Motivation, aber sie sind geeignet, diese optimal zu nutzen und den Lernerfolg zu steigern.

2. Kleine angewandte Lernpsychologie

Haben Sie keine Angst, die Lektüre dieses Buches mit dem vorliegenden Kapitel zu beginnen. Wenn wir auch empfehlen, die Lektüre eines Sach- oder Fachbuches nicht grundsätzlich mit der ersten Seite zu beginnen, so kann es hier ganz zweckmäßig sein, die nachfolgenden Seiten vorab zu lesen oder, wenn Sie zu den selektiven Lesern gehören, nach der Lektüre anderer Kapitel auf diese Seiten zurückzugreifen.

Da das ganze Buch auf praktische Verwendbarkeit für Lernvorgänge in der Schule angelegt ist, *wollen wir nicht* eine umfassende Darstellung der Theorien und Experimente der Lernpsychologie geben. Dies würde den Rahmen dieses Buches sprengen. (Außerdem finden Sie diese Erkenntnisse übersichtlich in der einschlägigen Fachliteratur und in popularwissenschaftlichen Darstellungen zusammengefaßt wiedergegeben. Für Interessierte verweisen wir auf die Titelangaben im Literaturverzeichnis.)

Was wir wollen, ist die praktische Nutzanwendung aus gesicherten theoretischen Erkenntnissen, soweit sie für das Lernen hilfreich sind.

Wenn Sie die folgenden Kapitel durcharbeiten, werden Sie immer wieder auf theoretische Erkenntnisse der Lernpsychologie stoßen, die wir in die Praxis umzusetzen versuchen. Zudem soll dieses Kapitel die Erkenntnis fördern, daß Lernen lernbar ist und man sich die Einsichten der Lernpsychologie nutzbar machen kann.

„Immer dann, wenn wir eine Veränderung des Verhaltens bzw. ein neues Verhalten beobachten, das aus Erfahrung und Übung erwachsen ist, sprechen wir von Lernen [2]."

Daß Veränderung des Verhaltens aus Erfahrung und Übung erwächst, ist eine wichtige Grunderkenntnis, die wir den theoretischen Arbeiten der Lernpsychologie entnehmen.

Da Lernen ein sehr komplexer Vorgang ist und da wir im Sinne der o. a. Definition dauernd — vor allem auch außerhalb der Schule — durch Erfahrung lernen, bemühen sich die Lernpsychologen, den komplexen Lernprozeß in Teileinheiten aufzulösen, um konstitutive Elemente des Lernens in ihren Gesetzlichkeiten zu erkennen und für das planvolle Lernen fruchtbar zu machen. Wenn man diese Gesetzmäßigkeiten kennt, kann man mit ihrer Hilfe bewußt Lernvorgänge steuern.

2.1. Wie wir lernen

Die klassische Lernpsychologie hat drei elementare Formen des Lernens isoliert und auf ihren Praxisbezug hin untersucht:

- **das klassische Konditionieren**
- **das instrumentelle Konditionieren**
- **das Lernen durch Einsicht.**

---

[2] Oerter, Rolf: Moderne Entwicklungspsychologie, Donauwörth (Auer), 11. Aufl. 1972, S. 64 f.

2.1.1. Pawlows Hunde: Klassisches Konditionieren

Der Versuch

Der russische Physiologe Iwan Pawlow (1849–1936), einer der Väter der modernen Lernpsychologie, untersuchte die unkonditionierten (unbedingten) Reflexe, die jedem Körper von Geburt an anhaften, z. B. der Kniesehnenreflex, unwillkürliche Reaktionen in Angstsituationen oder die Speichelabsonderung bei Mensch und Tier während der Nahrungsaufnahme.
In seiner Versuchsanordnung maß er die Menge der abgeleiteten Speichelabsonderung von Hunden, die sich regelmäßig bei der Nahrungsaufnahme als unkonditionierter Reflex auf den Reflexauslöser Nahrung einstellte. Im weiteren Verlauf des Versuchs verband er ein Klingelzeichen mit der regelmäßigen Nahrungszufuhr. Nach 25maliger Wiederholung dieses Versuchsteils ertönte nur noch das Klingelzeichen, ohne daß Nahrung gegeben wurde. Dennoch sonderten die Hunde auf den ursprünglich indifferenten Reiz „Klingelzeichen" Speichel ab, ein Reflex, den man als bedingte oder konditionierte Reaktion bezeichnet. Die Hunde hatten „gelernt", auf das Klingelzeichen hin ihr Verhalten in bestimmter Weise zu ändern; sie waren auf das neue Zeichen „konditioniert".

Das Ergebnis
Ähnlich wie Pawlows Hunde lernen wir auf zunächst neutrale Reize in bestimmter Weise zu reagieren. Nur wer richtig konditioniert ist, reagiert auch entsprechend richtig. Viele Lernvorgänge bestehen in der Fähigkeit, auf bestimmte Reize in der eintrainierten Weise zu reagieren. Auf den Reiz „Autohupen" reagieren wir mit Vorsichtshaltung, auf den Reiz „Klingelzeichen" in der Schule z. B. mit Aufbruchshaltung, auf den Reiz „Telefonklingel" mit Entgegennahme des Gesprächs.
Die meisten Verhaltensweisen, die wir als „Gewohnheiten" bezeichnen, sind Ergebnisse konditionierter Reaktionen auf Reize, die für uns Signalfunktion erlangt haben und auf die wir in gleichbleibender Art reagieren.

Anwendung
Die praktische Nutzanwendung aus Pawlows Versuchen besteht darin, daß wir uns bestimmte Gewohnheiten und Lernrituale aneignen können, die Kontinuität im Lernen erleichtern und uns dauernder neuer Entscheidungen im Lernprozeß entheben:

- **Lernen zu festgelegten Zeiten führt dazu, daß bestimmte Stunden von selbst zu Reizauslösern für Lernphasen werden (vgl. Kap. 3.1. Warum Zeitplanung?).**
- **Lernen an einem festen Lernplatz – z. B. Arbeitszimmer, Schreibtisch – läßt diesen Platz zum Stimulanz für Lernvorgänge werden (vgl. Kap. 4.1. Raum und Arbeitsplatz).**
- **In diesem Zusammenhang gewinnen auch die zahllosen individuellen „Lernticks" und „-spleens" (z. B. bestimmte Kleidung bei der Arbeit; bestimmte Anordnung des Schreibmaterials; bestimmte Körperhaltung) ihren Wert. Deshalb sollte man sie in Grenzen ruhig kultivieren, da sie als Reizauslöser das Lernen erleichtern.**

2.1.2. Thorndikes Katzen und Skinners Tauben: Operantes Konditionieren

So wichtig die Rolle gewohnheitsmäßigen Verhaltens auch im Leben ist, viele Lernvorgänge lassen sich darauf nicht zurückführen, sondern bedürfen einer anderen Erklärung. Wichtige Einsichten zum Lernen aufgrund von Versuch und Irrtum (trial and error) sowie am Erfolg verdanken wir den Arbeiten von Edward L. Thorndike (1874—1949 und Burrhus F. Skinner (* 1904).

Versuche

Thorndike sperrte hungrige Katzen in kleine Käfige, die sich durch einen speziellen Mechanismus von innen öffnen ließen. Mehr oder weniger zufällig lösten die unruhigen Katzen irgendwann den Öffnungsmechanismus aus und gelangten an die vor den Käfigen befindlichen Futterstellen. Bei häufigeren Wiederholungen dieses Versuchs „lernten" die Katzen in immer kürzeren Zeitabständen, die Käfige zu öffnen. Schließlich gelang es ihnen, unmittelbar nach dem Einsetzen in den Käfig den Öffnungsmechanismus zu betätigen und sich die „Belohnung" in Form des bereitgestellten Futters zu verschaffen.

Skinner knüpfte an diese Versuche an und „dressierte" Tauben. Die Tauben bekamen in ganz zufälligen Zeiträumen Futterkörner in den Käfig geworfen, die mit ebenso zufälligen Trippelschritten der Tauben zusammenfielen. Die Tauben verbanden Futtergabe und Bewegung ursächlich miteinander, indem sie die Futtergabe als Belohnung auf eine bestimmte Bewegung empfanden. (Im übrigen sind die weltberühmten „Flipper" in Arizona auf diese Weise durch Belohnung mit Fischen zu ihren Kunststückchen gebracht worden.)

Ergebnisse

In kürzester Zeit gelang es Skinner, auf diese Art und Weise die Tauben zu den skurrilsten Tänzen zu bringen. Da die Tauben durch den Einsatz des Mittels (= Instrument) Futter zu diesen Bewegungsabläufen dressiert wurden, nennt man diese Lernart *instrumentelles* oder *operantes* Konditionieren.

Skinner suchte die Erkenntnisse, die er bei seinen Taubenversuchen herausgefunden hatte, auf menschliches Lernen zu übertragen. Er zerlegte größere Lerneinheiten in kleine Teilschritte, deren Bewältigung er unmittelbar belohnte. Bei Menschen glaubte er, daß als Belohnung in einem Frage-Antwort-Spiel die Bestätigung einer Antwort als „richtig" ausreiche.

Auf diesem Prinzip aufbauend, entwarf er in kleinste Einheiten unterteilte Lernprogramme, die als „programmierte" Unterrichtsmethode weltweit bekannt wurden. Alle heute üblichen Lernmaschinen und programmierten Lehrbücher gehen auf dieses Grundprinzip des schrittweisen Lernens am unmittelbaren Erfolg zurück.

Jetzt wird auch die folgende wissenschaftliche Definition des instrumentellen Konditionierens, die wir dem Funkkolleg „Pädagogische Psychologie" entnehmen, verständlich:

„Bei der instrumentellen Konditionierung erlangt eine zunächst neutrale — und oftmals zufällig auftretende — Reaktion durch die nachfolgende Verstärkung für das Individuum eine bestimmte Bedeutung und tritt dadurch in der Folgezeit mit erhöhter Wahrscheinlichkeit auf [3]."

- **Verhaltensweisen werden gelernt, wenn sie durch Belohnung und Erfolg bekräftigt werden.**

---

[3] Funkkolleg Pädagogische Psychologie — Studienbegleitbrief 8, Weinheim/Basel (Beltz) 1973, S. 20.

- **Die Belohnung muß, um wirksam zu werden, unmittelbar auf das gewünschte Verhalten folgen.**
- **Große Lerneinheiten werden sinnvollerweise in kleine Lernschritte unterteilt.**

Anwendung
Die Einsicht, daß Erfolgserlebnisse und Belohnungen motivieren und Lernen fördern, setzten gute Pädagogen in der Schule bewußt und Eltern bei der Erziehung ihrer Kinder intuitiv ein, indem sie erwünschte Verhaltensweisen der Schüler oder des Kindes belohnen und unerwünschte ignorieren (d. h. nicht verstärken).
In diesem Buch kommt es darauf an, Ihnen Möglichkeiten aufzuzeigen, wie Sie sich selbst „auf die Schulter klopfen“ können. Beispielsweise nennen wir die weiter unten ausführlich dargestellte Lernkartei und „Belohnungen“, die Sie sich durch Einhalten Ihres Prüfungsplanes (s. Kap. 11, Prüfungen ohne Streß), durch Erledigung bestimmter Tagesaufgaben und durch Erfolge bei der Bewältigung von Konzentrationsstörungen verschaffen können.

2.1.3. Köhlers Schimpansen: Lernen durch Einsicht

Von einer anderen Theorie ging Wolfgang Köhler (1887—1967) bei seinen berühmt gewordenen Schimpansenversuchen aus. Er nahm an, daß vor allem höher entwickelte Tiere und auch Menschen nicht nur durch Gewöhnung, Versuch und Irrtum, sondern vor allem auch *durch Einsicht* lernen.

Versuch
Köhlers Theorie wurde bestätigt durch Versuche mit Schimpansen, denen er Bananen außer Reichweite an die Decke ihres Käfigs oder in einiger Entfernung vor dem Käfig plazierte. Köhler stellte ihnen verschiedene Hilfsmittel zur Verfügung — ineinander verschiebbare Stangen bzw. Kisten —, mit deren sinnvoller Verwendung es den Affen nach einigem Herumexperimentieren gelang, die begehrten Früchte zu erreichen. Entweder gelang es ihnen dadurch, daß sie die Stangen ineinanderschoben oder daß sie die Kisten aufeinandertürmten.

Ergebnis
Bei Wiederholung des Versuchs verhielten sich die Affen gleichartig, woraus man folgern kann, daß sie durch Einsicht gelernt hatten.

Anwendung

- **Einsicht in Zusammenhänge — z. B. der Überblick über ein Stoffgebiet — erleichtert das Lernen von Details (vgl. Kap. 5.2.1. Lernen im Vorgriff und Kap. 7.1. Lesemethoden).**
- **Durch Einsicht gewonnenes Verhalten und Wissen läßt sich auf ähnlich strukturierte Situationen übertragen (Transfer).**
- **Sinnvoll strukturierter Lernstoff läßt sich um vieles besser lernen und behalten als unstrukturierter Stoff (vgl. Kap. 2.2. Vergessen und Behalten; Kap. 7. Fachliteratur rationell erarbeiten; Kap. 11.2.3. Kurzfristige Prüfungsplanung).**

In allen Lernsituationen sollte man deshalb Überlegungen anstellen, ob der Lernstoff durch Strukturierung aufbereitet, in größere Zusammenhänge eingeordnet und so durch Einsicht besser im Gedächtnis verankert werden kann.

2.2. Vergessen und Behalten

2.2.1. Das Gedächtnis

Um Lernstrategien erfolgreich anwenden und Erkenntnisse der Lernpsychologie nutzbar machen zu können, ist ein kurzer Abriß über die Funktionsabläufe des Gedächtnisses hilfreich.

Ultrakurzzeit-Gedächtnis

Tag für Tag nehmen wir tausend und aber tausend Sinneseindrücke auf, von denen wir aber nur einen kleinen Bruchteil länger behalten, während wir die Mehrzahl sofort wieder vergessen. Dies ist darauf zurückzuführen, daß alle Sinneseindrücke sich zunächst als elektrische Schwingungskreise in unserem Hirn bewegen und wieder verlöschen, wenn sie nicht durch besondere Aufmerksamkeitszuwendung an vorhandene Vorstellungsgitter „aufgehängt“ werden. Auch plötzliche Schocks, z. B. infolge von Unfällen, oder Schmerzeindrücke stören die Schwingungen oder bringen sie zum Verlöschen. Dieses maximal 20 Sekunden währende Bild eines Sinneseindrucks nennt man das Ultrakurzzeit-Gedächtnis. Das Ultrakurzzeit-Gedächtnis ist besonders am Phänomen des Unfallschocks zu erleben. Dabei werden die „Erinnerungen“ an die Ereignisse unmittelbar vor dem Unfall durch den Schock völlig gelöscht und sind weder durch angestrengtes Nachdenken noch durch Hypnose zu reproduzieren. Das läßt sich nur aus der Tatsache erklären, daß der Vorgang der „Bildaufzeichnung“ im Gedächtnis noch nicht eingesetzt hatte bzw. noch nicht abgeschlossen war.

Kurzzeit-Gedächtnis

Behalten heißt, einen Eindruck durch Assoziationen speichern. Vereinfachend läßt sich dieser Vorgang am Beispiel einer fotografischen Aufnahme verdeutlichen. Während man das Ultrakurzzeit-Gedächtnis mit einem reflektierenden Verkehrsschild vergleichen könnte, das nur so lange aufleuchtet, wie es vom Autoscheinwerfer angestrahlt wird, ist die Funktion des Kurz- und Langzeitgedächtnisses am Beispiel des Fotografierens zu verdeutlichen. Wie beim Fotografieren Lichtstrahlen (= Reize) über das Objektiv (= Sinne) auf eine Platte oder auf einen Film treffen und dort chemische Reaktionen hervorrufen, so müssen weitere chemische Prozesse ablaufen, um das Bild vorübergehend oder dauerhaft zu fixieren. Wird der Negativfilm nur entwickelt und nicht anschließend direkt im Fixierbad behandelt, wird der Film schwarz, und die aufgenommenen Bilder verflüchtigen sich. Ähnlich müssen wir uns den Vorgang des Kurzzeit-Gedächtnisses vorstellen. Der „chemische Vorgang“ hat zwar begonnen, wird aber nicht beendet, weil eine genügende Motivation zum Behalten fehlte oder keine Anknüpfungspunkte vorhanden waren.

Langzeit-Gedächtnis

Ein dauerhaftes Bild (Erinnerung) erhalten wir nur dann, wenn der Fixiervorgang vollständig und ohne Unterbrechungen (Hemmungen) durchgeführt werden kann. Für das menschliche Behalten bedeutet dies, daß das Langzeit-Gedächtnis durch Assoziationen, die biochemische Prozesse auslösen, aufgebaut wird. Das Fixieren des Negativfilms entspricht der Herstellung von Assoziationen für das dauerhafte Behalten im Langzeit-Gedächtnis. Was dauerhaft gespeichert ist, kann im eigentlichen Sinne nicht „vergessen“ werden.
Welche Folgerungen sind daraus für das Lernen, Behalten und Vergessen zu ziehen?

Für den Lernpsychologen und den mit Gehirnforschung befaßten Biochemiker stellt sich das sogenannte „Vergessen“ so dar, daß Informationen und Lernprozesse über das Ultrakurzzeit-Gedächtnis nicht hinausgekommen sind, da der Fixiervorgang noch gar nicht eingeleitet oder aber unterbrochen wurde. Darüber hinaus können aber auch einmal gespeicherte Informationen im Laufe der Zeit durch andere Eindrücke überlagert und blockiert werden. Einmal ins Langzeit-Gedächtnis übernommene Informationen werden deshalb auch nur scheinbar „vergessen“. In Wirklichkeit werden sie durch neue Informationen überlagert, so daß sie nicht mehr jederzeit abrufbar und verfügbar sind. Daß sie tatsächlich nicht vergessen, sondern irgendwo schwer zugänglich gespeichert sind, beweisen die Hypnose und die Erfahrung, daß Kindheits- und Jugenderinnerungen alten Menschen häufig in verblüffender Weise detailliert in Erinnerung sind; d. h., sie sind im Langzeit-Gedächtnis fest verankert, während neue Eindrücke infolge der verminderten Proteinsynthese häufig nicht mehr gespeichert werden.

2.2.2. Vergessen und Behalten – Faktoren, die das Vergessen bewirken

Bereits im vorhergehenden Abschnitt wurden einige Elemente des Vergessens aufgezeigt, die besonders darin liegen, daß Informationen vom Ultrakurz- und Kurzzeitgedächtnis bewußt oder unbewußt nicht ins Langzeit-Gedächtnis transferiert werden.

Daneben gibt es aber spezifische Einflüsse, die Behalten beeinträchtigen und Vergessen bewirken: Diese nennt die Lernpsychologie „Hemmungen“, wobei sie zwischen affektiven, retroaktiven, ekphorischen Hemmungen und Ähnlichkeitshemmungen (Interferenzen) unterscheidet.

● Affektive Hemmung

Auf diese Hemmung haben wir schon beim Unfallschock hingewiesen. Aber auch jede andere Art starker emotionaler Erregung stört die Schwingungskreise im Gehirn und verhindert dadurch die Speicherung der Eindrücke im Gedächtnis, läßt uns sie „vergessen“. Einen relativ geringen Lerneffekt wird man erwarten können, wenn man unmittelbar nach einem Ärger über einen Lehrer oder Familienangehörigen mit der Arbeit beginnt. Wenn es sich nicht um unaufschiebbare Arbeiten handelt, läßt man den Ärger am besten erst abklingen — geeignet zur Ablenkung sind: körperliche Betätigung, Sport, Musik usw. Hier wäre es um der Effektivität der Arbeit und des Lernerfolges willen richtig, den Zeitplan flexibel zu handhaben (vgl. Kap. 3.4. Lang-, mittel- und kurzfristige Zeitpläne).

● Rückwirkende oder retroaktive Hemmung

Englische und französische Vokabeln lernt man zweckmäßigerweise nicht unmittelbar hintereinander. Denn dabei kann eine rückwirkende oder retroaktive Hemmung auftreten. Diese besteht darin, daß sich die Vokabelreihen verschiedener Sprachen als ähnlich strukturierter Lernstoff gegenseitig überlagern und auslöschen.

● Vorauswirkende oder proaktive Hemmung

Natürlich behindern nicht nur die französischen Vokabeln die englischen, sondern auch umgekehrt die englischen die französischen. In diesem Fall, daß nachfolgende Lernprozesse durch vorausgehende behindert werden, sprechen wir von vorauswirkenden oder proaktiven Hemmungen.

Ähnlichkeitshemmung oder Interferenz

Besonders häufig treten die beiden vorgenannten Hemmungen auf, wenn die Lernstoffe sehr ähnlich strukturiert sind, wie es bei Vokabeln zweier Fremdsprachen, bei mathematischen und physikalischen Formeln oder bei Zahlenreihen der Fall ist.
Die Ursachen für diese Hemmungen liegen darin, daß die Schwingungskreise, die ein Lernprozeß auslöst, durch einen anderen derart gestört werden, daß sie keine Gelegenheit haben, sich im Langzeit-Gedächtnis zu verankern.
Die Konsequenz aus diesen Erkenntnissen für die Lernmethode besteht darin, daß ähnlich strukturierter Lernstoff nicht hintereinander gelernt werden soll. Achten Sie darauf, die verschiedenen Lernstoffe auf Ihre Lernzeit so zu verteilen, daß Stoffstruktur und Konzentrationsgrad variieren!
Schaffen Sie Abwechslung in Ihrem Lernprogramm, indem Sie wechseln zwischen Schreiben, Lesen und Pauken, wobei diese Regel sowohl auf ein Fach als auch auf eine Fächerfolge angewendet werden sollte (vgl. Kap. 6.4. Hausaufgaben sinnvoll erledigen)!

Ekphorische Hemmung

Auf eine weitere Hemmung, die häufig bei Prüfungsvorbereitungen auftritt, sei hingewiesen. Ein bereits fest im Langzeitgedächtnis verankerter Lernstoff wird dann nicht voll verfügbar, wenn man unmittelbar vor der Prüfung neuen Stoff hinzulernt. Alter und neuer Stoff behindern sich gegenseitig.

Konsequenz: Prüfungsvorbereitungen rechtzeitig abschließen (vgl. Kap. 11.2. Planung von Prüfungen).

2.2.3. Strategien, die das Behalten fördern

Lernstoff sinnvoll strukturieren

An mehreren Stellen dieses Buches weisen wir auf die Bedeutung hin, die sinnvoll strukturiertes Lernmaterial für den Lernerfolg hat. Da diese Voraussetzung nicht immer gegeben ist, müssen Sie lernen und üben, Lernstoff systematisch aufzubereiten und zu strukturieren. Hinweise zum Strukturieren finden Sie besonders in den Kapiteln 5. Aktive Mitarbeit im Unterricht und 7. Fachliteratur rationell erarbeiten.
Die Wichtigkeit der Strukturierung eines Stoffes für das Behalten bestätigen auch Versuche der Lernpsychologie (Ebbinghaus, Maddox u. a.), die experimentell nachwiesen, daß gut strukturiertes Material — Prinzipien, Gesetzmäßigkeiten, aber auch durch Versmaß und Reim gebundene Gedichte — sehr viel besser behalten werden als schwach bzw. gar nicht strukturiertes Material wie Prosatexte und sinnlose Silben.

● Lernperioden zweckmäßig verteilen

Die oben angeführten Wissenschaftler haben in ihren Experimenten ferner festgestellt, daß die über längere Zeiträume verteilte Wiederholung eines Lernstoffes (verteiltes Lernen) mehr Nutzen bringt (Zeitersparnis und größere Behaltungsquote) als zahlreiche unmittelbar aufeinanderfolgende Wiederholungen in einem kurzen Zeitraum.
Daraus ergibt sich als Lernkonsequenz, daß die Wiederholungen zeitlich gestaffelt vorgenommen werden sollen, und zwar so, daß sie einerseits nicht zu unmittelbar auf das erste Lernen folgen, andererseits sich auch nicht zu weit von ihm entfernen dürfen, damit die Vergessenskurve nicht zu weit absinkt.
Zwar muß aller Lernstoff mehr oder weniger wiederholt werden, aber eine Erleichterung besteht darin, wenn solche Elemente eines Paukstoffs nicht dauernd wiederholt werden, die sich dem Gedächtnis bereits fest eingeprägt haben. Hierbei leistet die auf Seite 26 ff. erläuterte *Lernkartei* eine vorzügliche Hilfe.

● Mit Einsicht lernen

Eng mit der besseren Lernbarkeit gegliederten und aufbereiteten Stoffes hängt die Erfahrung zusammen, daß man Lernstoff besser behält, wenn man seinen Sinnzusammenhang versteht. Deshalb ist es zweckmäßig, sich zunächst einen Überblick über ein Stoffgebiet zu verschaffen, Gesamtzusammenhänge zu erkennen, bevor man zu Einzelinformationen und Details übergeht. Dadurch schafft man Assoziationsmöglichkeiten, gleichsam „Haken", an die man neue Lerninhalte „befestigen" kann. Auf dieser Erkenntnis beruht die in Kapitel 7 dargestellte Methode zur Erarbeitung von Fachliteratur.

● Viele Sinne am Lernprozeß beteiligen

Umfangreiche Untersuchungen haben erwiesen, daß die Informationen, die aus der Umwelt auf uns zukommen, zu vier Fünftel durch Sehen *und* Hören wahrgenommen werden. Daraus ergibt sich, daß Lernen unter Beteiligung mehrerer Sinne die Reproduktion des Stoffes erleichtert.
Ein mündlicher Vortrag ist z. B. lebendiger und schafft mehr Assoziationsmöglichkeiten, wenn das gesprochene Wort durch visuelle Hilfen (Fotos, Diagramme, Filme usw.) unterstützt wird. Fehler im Satzbau und in der Wortwahl findet man leichter, wenn man sich oder anderen den geschriebenen Text laut vorliest; Sprachen lernt man besser audiovisuell, Gedichte laut memorierend.

● Motivationen schaffen

Eine sichere Erkenntnis der Lernpsychologie besteht darin, daß Lernprozesse um so besser vonstatten gehen, je stärker wir innerlich am Stoff beteiligt, motiviert sind. Was man unter Motivation versteht und wie man Motivation erzeugen kann, lesen Sie im folgenden Abschnitt.

2.3. Motiv und Motivation

Seit je bekannte, aber besonders in jüngster Zeit im Vordergrund erziehungswissenschaftlicher Forschungsbemühungen stehende Begriffe sind Motiv und Motivation. Man hat erkannt — und das bestätigt auch die Lebenserfahrung —, daß Motivation der wirksamste Antrieb zum Lernen ist und den Lernerfolg entscheidend bestimmt.

Ohne auf die umfangreichen Veröffentlichungen und Lehrmeinungen im einzelnen einzugehen, beschränken wir uns darauf, solche Erkenntnisse der Motivationspsychologie zu erläutern, deren Kenntnis nach unserer Auffassung für das Lernen in der Schule bedeutsam ist.

Begriffe

Motive (movere = bewegen) sind relativ überdauernde Antriebskräfte, die die Befriedigung elementarer Lebensbedürfnisse (z. B. Hunger, Durst, Schlaf) und sozialkultureller Bedürfnisse (Konkurrenz, Sozialprestige, Leistung, Macht, Bildung usw.) zum Ziel haben. In einer konkreten Situation *aktualisierte Motive* werden als *Motivationen* bezeichnet.

Als *positive* Motivation wirken Aussicht auf Erfolg und Belohnung, als *negative* Motivation Angst vor Mißerfolg und „Bestrafung".

Da die meisten Lernvorhaben und -situationen mit Komponenten positiver und negativer Art besetzt sind, entstehen *gemischte Motivationen*, die Abneigung und Hinwendung zugleich hervorrufen. In dieser Konfliktsituation (Annäherungs-/Vermeidungskonflikt) können sich die Motivationen gegenseitig neutralisieren oder eine kann die andere überkompensieren. Dazu ein Beispiel:

Ein Schüler, der während des Schwimmunterrichts einen Kopfsprung vom Fünfmeterturm machen soll, kann sich nicht entscheiden: Angst vor dem Sprung und Angst vor einer Blamage in der Klasse halten sich die Waage. Erst der laute Zuruf der Klassenkameraden „Feigling" läßt ihn aus Angst vor dem Verlust der sozialen Anerkennung den Sprung durchführen. Die positive Motivation, das Streben nach Erfolg und Anerkennung in der Gemeinschaft, hat die negative Motivation „Angst vor Gefahr" überkompensiert.

Der gelungene Sprung und das damit verbundene Erfolgserlebnis können sich motivierend auf weitere Sprungversuche auswirken.

Motivationen

Wichtige und besonders starke Motivationen finden sich vor allem im Bereich der Befriedigung elementarer Bedürfnisse. Dazu zählen insbesondere Hunger, Durst, Schlaf und Sexualität. In diesen Bereich elementarer Bedürfnisse gehört aber auch die Befriedigung besonders ausgeprägter sozialer Bedürfnisse, wie z. B. Anerkennung in der Gemeinschaft und Identifikation mit der Gruppe. Diese Bedürfnisse konkretisieren sich im Anschlußmotiv, Machtmotiv, Konkurrenz- oder Rivalitätsmotiv und anderen.

Diese Motive können je nach Situation und geltenden gesellschaftlichen oder gruppenspezifischen Normvorstellungen positiv oder negativ wirken. Für Lernvorgänge hat sich herausgestellt, daß positive Motivationen den größeren Motivierungseffekt bewirken als negative. Der früher in der Schule übliche Katalog von Strafen ist nicht zuletzt aufgrund dieser Erkenntnisse heute erheblich zusammengeschrumpft.

Von der Belohnung, die in einem vernünftigen Verhältnis zur Leistung und mit dieser in einem unmittelbaren Zusammenhang steht, geht die stärkste motivierende Kraft aus.

Strafen wirken hingegen erfolgreich bei Lernprozessen, die eine Unterlassung zum Ziel haben, z. B. der Schmerz bei einem Kind, das lernen soll, die heiße Ofenplatte nicht anzufassen. In der Schule sind die Lernprozesse aber darauf angelegt, daß man etwas lernen soll, weshalb hier die Belohnung in der Regel motivierender wirkt.

Besonders lernwirksame und zudem direkt auf die Sache bezogene Motive sind Neugier und Interesse. Kinder bei der Erkundung ihrer Umwelt und Wissenschaftler bei der Erforschung ihres Fachgebietes werden von dem gleichen Motiv geleitet. Leider sind Sie in der Schule häufig gezwungen, sich mit Fächern und Stoffgebieten zu befassen, die durchaus nicht immer sachbezogene Primärmotivationen hervorrufen. In diesem Dilemma ist es schwierig, Motivationen zu erzeugen, aber dennoch nicht ganz unmöglich.

Die folgenden Anregungen können vielleicht dazu beitragen, Lernmotivation und Lernleistung zu verbessern.

Motivationshilfen

- **Setzen Sie langfristige Ziele in kurz- und mittelfristige Teilziele um und schaffen Sie Erfolgserlebnisse!**

Das in der Ferne stehende Abitur oder die Erwartung eines überdurchschnittlichen Einkommens im späteren Beruf werden Sie als Schüler kaum auf die Dauer nachhaltig motivieren, Ihre Lernanstrengungen zu erhöhen. Das Ziel ist meist zu weit entfernt und der mutmaßliche Erfolg nicht so erlebbar, als daß er auf Dauer leistungsverstärkend wirken könnte. Natürlich bestätigen auch hier Ausnahmen die Regel.
Als Konsequenz ergibt sich daraus, daß im Schülerleben Hilfsziele gesetzt werden müssen, die realistisch in überschaubaren Zeitabschnitten zu verwirklichen sind.
Konkret: Unrealistisch wäre in der Regel das Ziel, sich im nächsten Halbjahr von einer „Vier" auf eine „Eins" heraufarbeiten zu wollen. Realistischer und erfolgversprechender und damit verstärkend wäre es, im nächsten Halbjahr die „Vier" um eine Note verbessern zu wollen, um auf längere Sicht eine „Zwei" oder „Eins" zu erreichen.
Die Lernverfahren müssen auf diese Hilfsziele hin organisiert werden. Hilfen geben wir Ihnen hierzu in Kap. 3.4. Lang-, mittel- und kurzfristige Zeitpläne und 11.2. Planung von Prüfungen — (Checkliste).
Ein anderer Vorschlag zur Motivation bei der täglich anfallenden Arbeit ist die zeitgerechte Bewältigung überschaubarer Arbeitsabschnitte, deren erfolgreiche Durchführung Motivationen für die weitere Arbeit schafft (vgl. 6.4. Hausaufgaben sinnvoll erledigen).
Leider arbeitet man nicht um der Arbeit willen. Deshalb ist es sehr schwierig, negative Motivationen abzubauen und positive zu schaffen.
Da aber auch hier weniges schon hilfreich sein kann, versuchen wir Ihnen folgende Anregungen zu geben:

- **Bauen Sie Aggressionen gegen Lehrer und Fächer ab!**

In der Schule wie im Leben muß man mit Menschen und Gegenständen umgehen, die einem weniger sympathisch sind. Die negative Motivation hemmt das Lernen, mindert den Lernerfolg und schadet nur Ihnen.

- **Versuchen Sie, unbeliebten Fächern wenigstens einige interessante Teilaspekte abzugewinnen!**

Unterhalten Sie sich mit den in diesen Fächern besonders erfolgreichen Mitschülern! Versuchen Sie Einsicht in zugehörige Berufsfelder zu erlangen!

- **Ergänzen Sie das Schulpflichtprogramm**

  durch Teilnahme an einschlägigen Veranstaltungen der Volkshochschule wie Exkursionen, Vorträge, Führungen, Besichtigungen. Sie lernen dabei häufig völlig neue, Ihnen bisher unbekannte Gesichtspunkte und Methoden kennen.

- **Planen Sie Auslandsaufenthalte!**

  Bei Schwierigkeiten im Fremdsprachenunterricht sind Austauschaufenthalte in ausländischen Familien besonders motivierend. Hier läßt sich in idealer Weise das Angenehme mit dem Nützlichen verbinden.
- Schaffen Sie sich Anregungen durch Beschäftigung mit Experimentiermaterial in den naturwissenschaftlichen Fächern!
- Suchen Sie Gelegenheit zum Kontakt mit der Arbeitswelt, z. B. durch Betriebserkundungen! Anwendung verdeutlicht theoretisches Wissen und wirkt auf die Theorie zurück.
- Suchen Sie bei allen Fächern soweit wie möglich die praktische Nutzanwendung zu sehen, Beziehungen zu Bekanntem herzustellen und Assoziationen zu knüpfen!
- Nutzen Sie die vielfältigen Anregungen, die das Fach Sozialkunde zur praktischen Umsetzung bietet: z. B. Mitarbeit in politischen Jugendorganisationen, Informationsangebot des Fernsehens und der Presse (Wirtschaftsteil der Tageszeitung, Magazinsendungen im Fernsehen)!
- Beschäftigen Sie sich mit der Landeskunde und Geographie Ihres Urlaubsortes und schaffen Sie sich Anschauung für den Geographieunterricht!
- Besuchen Sie Museen, Ausstellungen, Kirchen u. a. als ergänzende Veranschaulichung zum Kunstunterricht!
- Machen Sie sich Gruppenkonformität zu eigen! Suchen Sie Teamarbeit in solchen Gruppen, die Ihrer Zielvorstellung entsprechen (vgl. Kap. 10.: Einzelarbeit oder Zusammenarbeit?)!

☐ *Aufgaben*

1. *Überlegen Sie sich für weitere Fächer ähnliche Motivationshilfen und notieren Sie diese!*
2. *Unterhalten Sie sich mit Klassenkameraden über deren Motivation in solchen Fächern, in denen diese besonders erfolgreich sind.*
3. *Versuchen Sie sich über die Ursachen klarzuwerden, die zur Abneigung gegen bestimmte Fächer oder Stoffe geführt haben! Notieren Sie diese und überlegen Sie mögliche Abhilfen.*

2.4. Konzentration und Konzentrationsstörungen

Kaum ein anderes Schulproblem beschäftigt im Augenblick die Diskussion um die Schule mehr als die Klagen über den Leistungsdruck und Konzentrationsschwierigkeiten der Schüler.

Das ganze Buch ist so angelegt, daß durch die Anwendung von Lernmethoden und Arbeitstechniken Leistungsdruck vermieden oder aber gemindert und die Konzentrationsfähigkeit verbessert werden soll. Die zahlreichen Hinweise in den einzelnen Kapiteln erübrigen eine umfassende Darstellung dieses Problembereichs. Deshalb sollen an dieser Stelle nur die Ursachen häufig auftretender Konzentrationsstörungen aufgedeckt und Wege zur Verbesserung der Konzentrationsfähigkeit aufgewiesen werden.

Unter Konzentration versteht man die Fähigkeit, sich über bestimmte Zeiträume hinweg intensiv mit einer Sache zu beschäftigen. Damit weist Konzentration eine quantitative wie auch eine qualitative Komponente auf. Zwar ist diese Fähigkeit den Menschen in unterschiedlicher Stärke zu eigen, dennoch kann man zumindest äußere Ursachen von Konzentrationsstörungen beseitigen und innere Konzentrationsschwächen durch Übung abbauen.

Konzentrationsmängel im Unterricht

Kein Schüler kann sich während des ganzen Unterrichts eines Schulmorgens von der ersten bis zur sechsten Stunde voll konzentrieren. Diesem Tatbestand sucht schon der Stundenplan durch den Wechsel der Unterrichtsfächer Rechnung zu tragen, wobei Fächer mit hohem und solche geringeren oder andersgearteten Konzentrationsanspruchs miteinander wechseln.

Als Schüler müssen Sie lernen, je nach Fach und Unterrichtsphase die Konzentration den jeweiligen Konzentrationserfordernissen entsprechend anzupassen.

Konkret heißt das: In Unterrichtsphasen, in denen der Lehrer vom Thema abschweift, ein Mitschüler geprüft, zeitraubende Tafelanschriften erstellt werden, bereits verstandener Stoff wiederholt wird usw., kann man seine Konzentrationsintensität soweit zurücknehmen, daß sie ausreicht, bei „Wichtigem" sofort voll konzentriert bei der Sache zu sein, ohne in der mehr passiven Phase den „Roten Faden" verloren zu haben. Das kann man üben, und es führt zu rationellem Lernverhalten.

Die in Kapitel 5. Aktive Mitarbeit im Unterricht dargestellten Formen der Mitarbeit und Mitschrift sind hervorragende Übungen, durch die man bewußt phasenbezogene und im Sinne des Lernerfolgs ökonomische Arbeitstechniken anwendet und sich zu eigen macht.

Konzentrationsmängel bei Hausaufgaben

Bei den Hausaufgaben können äußere und innere Ursachen die Konzentration beeinträchtigen. Über die Beseitigung äußerer Störfaktoren informiert Kapitel 4.1. Organisieren Sie Ihren Arbeitsplatz!

Schwieriger ist die Beseitigung innerer Störfaktoren. Wenn die Ursachen von Lernstörungen im Bereich unbewältigter Lebensprobleme liegen, überschreitet es unsere Kompetenzen und die Ziele des Buches, hierfür Ratschläge zu erteilen. Wenn Sie erkennen, daß Ursachen Ihrer Lernschwierigkeiten in diesem Bereich zu suchen sind, wenden Sie sich an den schulpsychologischen Beratungsdienst!

Wir beschränken uns in diesem Abschnitt auf solche Hinweise, von denen nach unserer Auffassung in einem persönlichen Trainingsprogramm Hilfen zur Konzentrationsverbesserung ausgehen können.

Allgemeine Hinweise zur Erhöhung der Konzentration

- **Eins nach dem anderen**

Als Schüler stehen Sie oft hilflos vor der Flut der zu bewältigenden Aufgaben. Trotz guter Vorsätze können Sie nicht mehrere Dinge gleichzeitig tun, ohne bald zu resignieren. Wenden Sie sich deshalb bewußt nur einer Aufgabe zu und erst nach deren Erledigung der nächsten (vgl. Kap. 3. Zeitplanung)!

- **Arbeits- und Erholungsphasen trennen**

Die bei Schülern und Studenten häufig zu beobachtende Unfähigkeit, mit dem Arbeiten wirklich zu beginnen, kann man nur dadurch beheben, daß man überschaubare Teilaufgaben in geplanten Zeiteinheiten zu festgelegten Zeiten erledigt. Setzen Sie sich selbst für die Erledigung dieser Teilaufgaben Belohnungen (Pausen, Freizeitbeschäftigungen, Kaffeetrinken u. a. m.; vgl. Kap. 6. Hausaufgaben: Unerläßlich, aber . . .?).

- **Ablenkungen und Störfaktoren beseitigen**

Ablenkungen am Arbeitsplatz:
Musikkulisse,
Besuche und Anrufe,
Familie,
Freunde
(vgl. Kap. 4. Arbeitsplatz; Kap. 6. Hausaufgaben).

- **Feste Arbeitszeiten und festen Arbeitsplatz vorsehen**

Bei wechselnden Arbeitsplätzen und ungeplanten Arbeitszeiten entfällt der konditionierte Gewöhnungseffekt und Sie haben sich dauernd neu zu entscheiden, wo und wann Sie arbeiten wollen. Dabei entsteht die Gefahr, daß hunderterlei anderen Beschäftigungsarten vor dem Lernen der Vorzug gegeben wird. Sie werden mit sich selbst unzufrieden, stören damit Ihre Konzentrationsfähigkeit und geraten leicht in Resignation.

- **Freizeit ohne Reue genießen**

Da eine kontinuierliche und erfolgversprechende Arbeit ohne Erholungsphasen nicht möglich ist, müssen Sie durch Arbeitsorganisation dafür sorgen, daß die Erholungsphasen auch wirklich Zeiten sind, die Sie unbeschwert von Gedanken an Arbeit und Pflichten genießen.
Da wir nicht im Paradies leben und Arbeit nicht immer nur Freude macht, ist es um so wichtiger, durch sinnvolle Zeiteinteilung Freiräume einzuplanen, die als Erholung und Entspannung Voraussetzung für konzentriertes und motiviertes Arbeiten sind.

- **Fähigkeiten realistisch einschätzen und erreichbare Ziele setzen**

Hierzu gehört, daß man seine Stärken und Schwächen kennt und sich nur die Höchstleistungen abverlangt, für die man besonders befähigt und motiviert ist. In den übrigen Bereichen setze man realistische Ziele, die nicht überfordern und deshalb nicht zu anhaltender Enttäuschung führen.

- **Stoffgebiete wechseln**

Ein bewährtes Mittel, die Konzentrationsfähigkeit zu stabilisieren und Ermüdung hinauszuschieben, besteht darin, die Arbeitsgebiete und Tätigkeiten zu wechseln, d. h. z. B. nach den englischen Vokabeln schriftliche Mathematikaufgaben zu erledigen und daran die Lektüre für den Deutschunterricht anzuschließen. Dabei sollten nach Möglichkeit Schreiben, Auswendiglernen und laute Repetition wechseln (vgl. Kap. 6.4. Hausaufgaben sinnvoll erledigen).

Mikroanalyse des Arbeitsverhaltens und Konzentrationstraining

Trotz aller Hilfen, die das Buch für die verschiedenen Lernsituationen gibt, können Sie zu den Schülern gehören, für die dennoch die Konzentration *das* Problem bleibt.
Für ältere Schüler und Studenten, deren starke Konzentrationsmängel im Vorfeld psychologischer Behandlungsbedürftigkeit stehen, hilft eine sorgfältige Mikroanalyse des eigenen Arbeitsverhaltens, um eine schrittweise Behebung der Konzentrationsschwäche zu erreichen.
Die Übersicht auf S. 25 enthält die Analyse einer „Arbeitsphase" von 49 Minuten, die durch schleppenden Arbeitsbeginn, Störgedanken und Ausweichsaktivitäten auf 22 Minuten tatsächlicher Arbeitszeit zusammenschrumpft. Solche Analysen, die sich über ein bis zwei normale Schulwochen erstrecken, stellen ein vorzügliches Mittel dar, Art und Ursachen der Konzentrationsschwächen und Reaktionen aufzudecken, und sie vermitteln ein realistisches Bild der tatsächlichen Arbeitsleistung.
Häufig bewirkt allein schon der selbstauferlegte Zwang zur Selbstkontrolle und die nüchterne Sicht des eigenen Arbeitsverhaltens eine Verbesserung der Konzentration. Im übrigen erkennt man sehr schnell und deutlich, in welchem Verhältnis mutmaßlicher und tatsächlicher Arbeitsaufwand zueinander stehen. Wenn man weiter bedenkt, daß die gestörten Arbeitsphasen weder dem Arbeitsfortschritt noch einer wirklichen Erholung dienen und die falsche Einschätzung der überlangen Arbeitszeit negativ motivierend wirkt, kann die *Konsequenz* hieraus nur die sein, Arbeitsschritte zeitlich zu planen, Erholungspausen nicht willkürlich zu beginnen, sondern diese bewußt an das Ende eines Arbeitsschrittes zu legen.
Die Länge der zu planenden Konzentrationsphasen orientiert sich an den Durchschnittswerten der Selbstanalyse, d. h., für eine realistische Planung, die eine Verbesserung der Konzentrationsfähigkeit bewirken soll, kann man nicht eine Konzentrationsphase von 30 Minuten planen, wenn der Mittelwert der Selbstanalyse nur 15 Minuten beträgt. In unserem Fall hieße es also, mit einer Arbeitsphase von

Mikroanalyse des Arbeitsverhaltens zur Aufdeckung von Konzentrationsschwächen

Fragen zum Arbeitsverhalten	Zeit	Art/Tätigkeit
1. Zeitdauer zwischen dem Entschluß zu arbeiten und dem tatsächlichen Beginn	17 Min.	
2. Uhrzeit bei Arbeitsbeginn	15.17 Uhr	
3. Tätigkeit zwischen Entschluß zur Arbeit und tatsächlichem Arbeitsbeginn		Schultasche gesucht, Schreibtisch aufgeräumt, telefoniert
4. Wie lange konnte ich mich konzentrieren vom jeweiligen Beginn der Arbeit bis zum Auftreten von Störgedanken?	5 Min.; dann 6 Min.; dann 4 Min.; dann 7 Min.	
5. Art der Störgedanken		Gedanken an bevorstehende Klassenarbeit, Fußballspiel, Party
6. Zeitdauer der Störgedanken?	2 Min.; 5 Min.; 3 Min.	
7. Ausweichreaktionen auf Störgedanken		Vorbereitungsunterlagen für die Klassenarbeit gesucht; Fernsehzeitung gesucht und Sendetermine der Sportsendungen angekreuzt, Schallplatte aufgelegt
8. Uhrzeit bei Arbeitsende	15.49 Uhr	
9. Gesamter Zeitaufwand = Bruttoarbeitszeit vom Arbeitsentschluß bis zum Arbeitsende	49 Min.	
10. Unkonzentrierte Zeitphasen + Pause abziehen	27 Min.	
11. Konzentrierte Arbeitsphasen = Nettoarbeitszeit	22 Min.	

15 Minuten zu beginnen und diese bei erfolgreichem Training langsam zu erhöhen, bis man zu einem der Arbeitsaufgabe und dem individuellen Rhythmus entsprechenden Optimum gelangt.

Auch hier empfiehlt es sich, im Einübungsstadium eher kürzere Arbeitsphasen, die auch tatsächlich eingehalten werden, zu planen als längere, die nicht eingehalten werden und deshalb schnell zur Resignation führen. Gerade bei der Bekämpfung von Konzentrationsschwächen stellen sich Erfolge nicht von heute auf morgen ein, sondern sind nur durch längerfristige Übung zu erreichen. Deshalb empfehlen wir die Hilfen, die dieses Buch bietet, anzunehmen und zu erproben.

Da die „Belohnung" im weitesten Sinne ein entscheidendes Mittel zur Motivierung ist, sollte man sie gezielt in das Trainingsprogramm zur Steigerung der Konzentration einbeziehen. Auch hierzu bietet der Selbstanalysebogen die Grundlage, denn darin finden Sie unter den Ausweichreaktionen die von Ihnen bevorzugten Tätigkeiten. Diese lassen sich zielgerichtet im Anschluß an Konzentrationsphasen oder größere Arbeitsabschnitte einplanen. Beispiel: Nach Erledigung der Englisch-Übersetzung eine Single-Platte hören, nach einer Stunde Arbeit eine Kaffeepause einlegen oder nach Beendigung der Hausaufgaben eines Tages Beschäftigung mit dem Hobby.

2.5. Die Lernkartei

Ein Lernsystem, das in idealer Weise eine praktische Nutzanwendung aus den Erkenntnissen der Lernpsychologie zieht und besonders auf alle Arten von Paukstoff anwendbar ist, ist die von Sebastian Leitner entwickelte Lernkartei [4].

[4] Leitner, Sebastian: So lernt man lernen, Freiburg-Basel-Wien (Herder), 7. Aufl., 1972.

Ursprünglich für das Lernen von Vokabeln konzipiert, läßt sich das System auf Lernstoff anderer Fächer, z. B. mathematische und naturwissenschaftliche Formeln, Geschichtsdaten, geographisches Realienwissen wie überhaupt auf alle in Lernschritte zerlegbare Lerneinheiten übertragen.

Mängel des üblichen Pauklernens

Leitner zeigt die Prinzipien und Vorzüge seiner Lernkartei am Beispiel des Vokabellernens auf. Erfolgreiches Vokabellernen basiert auf Wiederholung in gewissen Zeitabständen (Intervallernen) und Erfolgskontrolle. Herkömmlicherweise werden Vokabeln mit Hilfe des gebundenen Vokabelheftes gelernt. Dabei zeigen sich folgende systemimmanente Mängel:

— Wiederholungen beziehen notwendigerweise bereits gekonntes Material mit ein
— dadurch gestaltet sich der Zeitaufwand im Verhältnis zum Lernerfolg unökonomisch
— das Überlernen von bekanntem Material langweilt und ist motivationsfeindlich
— Vokabeln werden in ihrem zufälligen Zusammenhang mit anderen Vokabeln gelernt, die ihrerseits als Behaltensstützen dienen; wird die Vokabel isoliert von ihrem Kontext benötigt, ist sie häufig nicht verfügbar
— das Herausschreiben schwer lernbarer Vokabeln ist sehr zeitaufwendig
— das Vokabelheft gibt keine sichere und schnelle Antwort darauf, welche Vokabeln endgültig gekonnt sind und welche nicht
— Das Vokabelheft verhindert wegen seines Zwangs zur lähmenden Wiederholung Anpassung an die individuelle Lerngeschwindigkeit und den Lernrhythmus des Schülers.

Die Lernkartei versucht diese Mängel des Auswendiglernens zu beseitigen, wobei das Lernprinzip darin besteht, überflüssige Wiederholungen zu vermeiden und dadurch die lernhemmenden psychologischen Folgeerscheinungen abzubauen.

Technik der Lernkartei

Karteikarten: Die Karteikarten der Lernkartei bestehen aus Papier oder Pappkarten im Format DIN A 7 (7,4 × 10,5 cm). Dies handelsübliche Format erhält man in Fachgeschäften, oder man stellt es sich auf einfache Weise durch dreimaliges Falten eines DIN-A-4-Bogens selbst her.

Karteikasten: Der Karteikasten aus fester Pappe oder Holz mit den Maßen 11 cm × 5 cm × 30 cm kann selbst hergestellt oder im Handel gekauft werden. Der Karteikasten wird nach Abb. 1 in fünf Fächer unterschiedlicher Größe unterteilt.

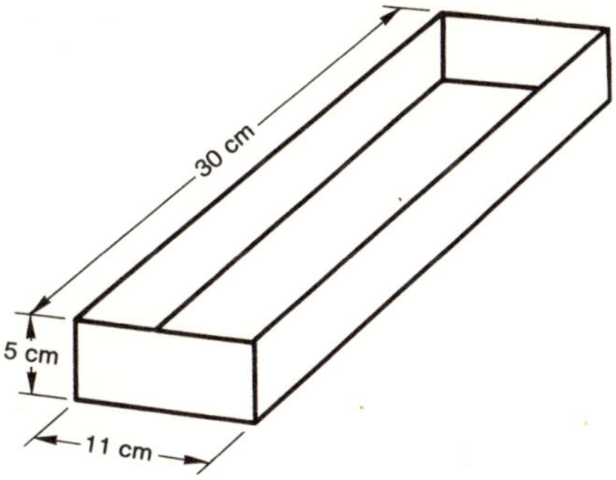

Die Grundform des Lernkarteikastens ...

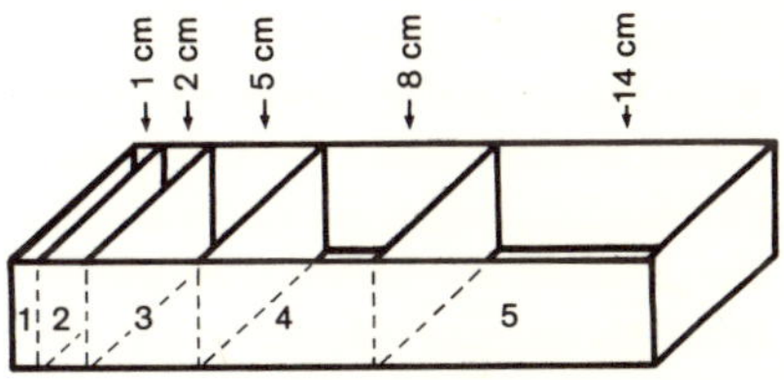

... und so wird der Kasten eingeteilt

Nun kann man mit der Arbeit beginnen. Aus dem einschlägigen Lehrbuch überträgt man die zu lernenden Vokabeln und Redewendungen auf die Karteikarten. Für jedes Wort und jede Redewendung wird eine Karteikarte verwendet, wobei der deutsche Ausdruck auf die Vorderseite und der fremdsprachliche auf die Rückseite geschrieben wird. Analog verfährt man bei anderem Lernstoff, z. B. die Frage auf die Vorderseite, Antwort auf die Rückseite.

Vorderseiten

Rückseiten

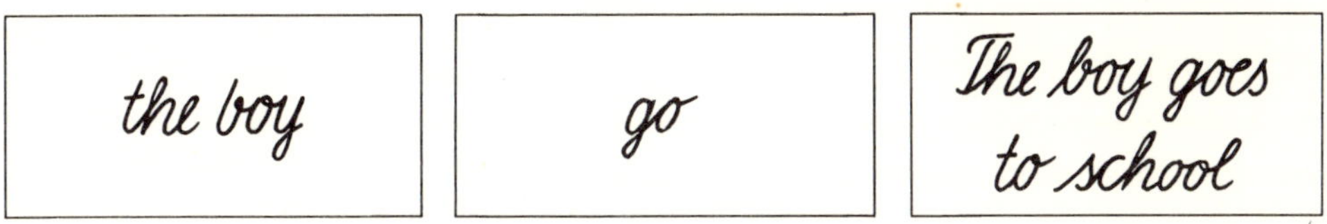

Die ersten ca. 30 beschrifteten Kärtchen werden in das erste Fach gesteckt und gelernt.

Wie gelernt? Man nimmt die erste Karte heraus, liest die deutsche Beschriftung und versucht sich an den fremdsprachlichen Ausdruck zu erinnern. Wenn es nicht gelingt, dreht man die Karte um, prägt sich das Wort ein und steckt die Karte zurück in das Fach 1, aber an die letzte Stelle der Kartenreihe, damit sie im 2. Lerndurchgang wieder aufgegriffen wird. Dann nimmt man die zweite Karte heraus und so fortlaufend alle weiteren, wobei man die gewußten Vokabeln in das 2. Fach jeweils an die letzte Stelle der Kartenreihe ablegt und die nicht gewußten im 1. Fach beläßt und so lange wiederholt, bis auch sie als gelernte ins 2. Fach abgelegt werden können. Bei den nächsten Lektionen verfährt man in gleicher Weise, bis das 2. Fach mit Kärtchen gefüllt ist. Um für weitere Kärtchen im 2. Fach Platz zu schaffen, räumt man es von vorne etwa *einen Finger breit* aus und kontrolliert, welche der dort abgelegten Vokabeln man sicher beherrscht. Diese wandern in das 3. Fach, während die vergessenen zurück ins Fach 1 kommen, um dort von neuem gelernt zu werden.

Auf ebensolche Weise füllen und leeren sich die Fächer 3 und 4. Wenn das letzte Fach 5 aufgefüllt ist und man dort Platz benötigt, entnimmt man vorne wieder ein fingerbreites Päckchen von Karteikarten und prüft deren Kenntnis. Werden auch sie jetzt noch sicher beherrscht, kann man sie ohne Bedenken vernichten, weil sie im Langzeitgedächtnis haften, die anderen „vergessenen" wandern zum erneuten Lernen in Fach 1.

Der Lernvorgang von Fach 1 bis Fach 5 kann sich je nach Lernintensität und Lernrhythmus über mehrere Monate hinziehen.

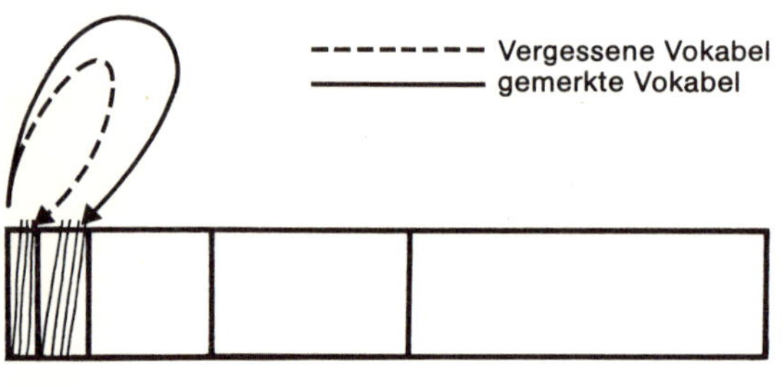

das sind die ersten „Wanderwege" unseres Lernstoffes

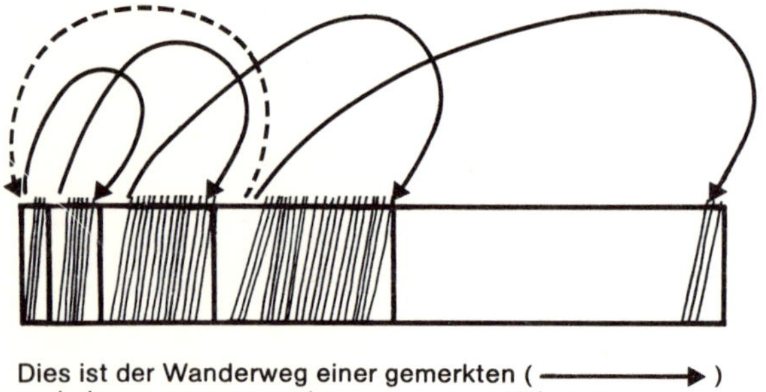

Dies ist der Wanderweg einer gemerkten (————▶)
und einer vergessenen (◀- - - - - - - -) Vokabel

Dieses Lernsystem läßt sich leicht auf andere Fächer übertragen und eignet sich zum Lernen von:

- mathematischen und naturwissenschaftlichen Formeln
- Geschichtsdaten und -ereignissen
- geographischen Daten
- Begriffsdefinitionen
- grammatischen Regeln, z. B. Konjugations- und Deklinationsreihen
- fremdsprachlichen Redewendungen.

Vorzüge der Lernkartei

Die Anwendung der Lernkartei bringt Vorzüge in lernpsychologischer, lernökonomischer und praktischer Hinsicht. Stichwortartig sind dies:

– in lernpsychologischer Hinsicht

- unmittelbare Lernkontrolle (feed back)
- kurzfristige Erfolgserlebnisse als Verstärker
- behaltenswirksames Intervallernen (verteilte Wiederholung)
- Förderung der Konzentrationsfähigkeit durch Anpassung an den individuellen Lernrhythmus

– in lernökonomischer Hinsicht

- Individuelle Gestaltung des Lerntempos und der Anzahl der Wiederholungen
- Vermeidung von Überlernen und nutzlosen Wiederholungen
- Beschränkung der Kontrollwiederholungen erlernten Stoffes auf maximal fünf Wiederholungen; vergessener Stoff wird so oft wie nötig wiederholt;
- billige Herstellung und vielseitige Verwendbarkeit

– in praktischer Hinsicht

- Karteipäckchen können leicht mitgeführt werden und Wartezeiten in Bahn, Bus oder beim Arzt ökonomisch überwunden werden
- Der Lerneinstieg geschieht immer an der richtigen Stelle, wodurch lästiges Suchen und Überlegen erspart bleiben
- Der Lernvorgang kann beliebig unterbrochen und wieder aufgenommen werden.

3. Überprüfen Sie Ihre Zeiteinteilung und genießen Sie Ihre Freizeit!

Der Tag hat 24 Stunden. Der Oberstufenschüler verbringt davon ca. 4½ bis 5 Zeitstunden in der Schule und verwendet durchschnittlich 1½ bis 2½ Stunden Zeit für seine Hausaufgaben. In der Woche machen diese schulbezogenen Tätigkeiten also ca. 40 Arbeitsstunden aus.
Wenn Ihre für die Schule aufgewendete Zeit wesentlich über oder unter diesem Durchschnitt liegt, sollte Ihnen diese Feststellung Anlaß geben, Ihre Zeiteinteilung zu überprüfen, die Ursachen der unbefriedigenden Zeiteinteilung zu analysieren und anhand der im folgenden Kapitel angebotenen Hilfe Ihre Zeit besser zu planen und intensiver zu nutzen.
Von der Selbstbeobachtung über Zielsetzung, Planung und Organisation bis zur Kontrolle der Zeit wollen wir Sie schrittweise zur quantitativ und qualitativ besseren Nutzung der Zeit anleiten.

3.1. Warum Zeitplanung?

Daß zwischen quantitativer Zeitökonomie und der Qualität der geleisteten Arbeit ein Zusammenhang besteht, zeigen Untersuchungen. Die amerikanischen Forscher Morgan und Deese konnten nachweisen, daß College-Studenten, die regelmäßig länger als der Durchschnitt ihrer Kommilitonen arbeiteten, schließlich schlechtere Noten erreichten als diejenigen, welche weniger lang lernten [5].
Daraus ist natürlich nicht der Schluß zu ziehen: Je kürzer die Lernzeit, desto größer der Lernerfolg, sondern tiefere Ursachen für dieses Ergebnis liegen in der Beobachtung, daß erfolgreiche Studenten qualitativ bessere Lernmethoden mit quantitativ ökonomischer Zeitnutzung zu verbinden wissen.
Die häufigsten Mängel und Belastungen, mit denen Schüler und Studenten in ihrem Arbeitsverhalten und ihrer Zeiteinteilung zu kämpfen haben, sind folgende:

- **Mühe, mit der Arbeit wirklich zu beginnen**

Wer kennt nicht die Tragikomödien, die sich an vielen Nachmittagen abspielen, wenn nach einem anstrengenden Schulmorgen, einem guten Mittagessen und der anschließenden Zeitungslektüre schließlich der Zeitpunkt kommt, da man mit der Arbeit beginnen sollte. Aber der strahlende Sonnenschein lockt eher zum Fußballspiel, zu einem Stadtbummel oder zu einem Treff mit Freunden und Freundinnen im Schwimmbad. Schließlich naht der Abend mit den Verlockungen des Fernsehens, des Familiengespräches, und endlich nach dem Abendkrimi gegen 21.45 Uhr bricht das schlechte Gewissen voll durch, und mit dem wohlmeinenden Ratschlag der Mutter, nicht zu lange zu arbeiten, setzt man sich an den Schreibtisch, erledigt im Glücksfall das Notwendigste und schläft schließlich mit schlechtem Gewissen in Aussicht auf den nächsten Schulmorgen ein.

---

[5] C. Morgan & Deese, How to study, New York, Mc Craw — Hill 1957.

● Mißerfolge infolge nicht sinnvoll genutzter Zeit

Das Gefühl, zu wenig gearbeitet zu haben oder mehr in der gegebenen Zeit leisten zu können, mindert ganz erheblich die Freude am Lernen, verhindert Motivation erzeugende Erfolgserlebnisse und führt letztlich zu Mißerfolgen.
Bei einer repräsentativen Untersuchung an der Universität des Saarlandes gaben 55 % aller befragten Studenten (3772 Befragte insgesamt) als Hauptstudienschwierigkeit das Problem an, wie man ökonomisch und effektiv studiert. Die Studienabbruchgefährdeten heben diese Schwierigkeit sogar mit 72 % hervor und die Studierenden mit der Note 4 im Vordiplom mit 74 %[6].

[6] Apenburg, E., Grosskopf, R., Schlattmann, H.: Orientierungsprobleme und Erfolgsbeeinträchtigung bei Studierenden, Saarbrüken (Mss) 1974, Teil B, S. 272.

● Unzweckmäßige Zeiteinteilung

Diese stellt sich in zwei extremen Formen dar: Einmal kennen wir die Person des unentwegt Tätigen, der planlos von einer Tätigkeit zur anderen springt, ohne eine Aufgabe wirklich abzuschließen, weil er unter der Vielzahl seiner Tätigkeiten keine Prioritäten plant, nicht Wesentliches von Unwesentlichem unterscheidet und nicht zielgerichtet eine begonnene Aufgabe zu Ende führt.
Auf der anderen Seite gibt es denjenigen, der genügend Zeit zu haben glaubt und deshalb so lange zögert, bis die ursprünglich reichlich vorhandene Zeit knapp wird und die Arbeit nur noch in Hast, fehlerhaft und mit unbefriedigendem Ergebnis abgeschlossen werden kann (z. B. das Vorsichherschieben der Nachbearbeitung von Schul- oder Vorlesungsstoff bis an das Ferienende).

3.2. Organisationsmittel und Regeln zur Zeitplanung

Natürlich lassen sich Mängel der oben geschilderten Art nicht von heute auf morgen beheben. Man wird nicht von heute auf morgen zum Refa-Mann. Zunächst genügen ganz einfache Hilfen, um schrittweise seine Zeitplanung zu organisieren. Für den Schüler empfiehlt sich z. B., am Abend vor dem nächsten Schultag die Aufgaben des nächsten Tages realistisch zu planen, sie auf einem kleinen Merkzettel zu notieren und diesen leicht erreichbar bei sich zu tragen oder gut sichtbar, z. B. am „Pinnbrett", zu befestigen.
Eine weitere Hilfe bei der Zeitplanung sind die verschiedenen handelsüblichen Terminkalender. Für den Schreibtisch eignen sich die aus einem Blatt bestehenden *Halbjahres-* bzw. *Jahreskalender* und zum ständigen Bei-sich-Führen ein *Taschenkalender*. Sehr praktisch in der Handhabung sind die seit einigen Jahren im Handel befindlichen *Faltkalender*.

Beispiel: Tages-Merkzettel

Mi., den 6. 11. 19....

Auf dem Heimweg besorgen:
- Konzeptpapier, Kugelschreiberminen, Radiergummi, Büroklammern
- Rock aus der Reinigung abholen

Hausaufgaben:
- Physik S. 20-23 durcharbeiten
- Englische Übersetzung
- Gliederung für Hausaufsatz (Freitag) konzipieren

18 Uhr: Klavierstunde
19 30 Uhr: Wichtigen Anruf erledigen

evtl. Lektüre für Deutsch

Wichtig zur Gewöhnung an eine Zeitplanung sind folgende Regeln:

- **Realistische Planung**

  Nehmen Sie sich nur in solcher Größenordnung Aufgaben vor, die in der geplanten Zeit durchzuführen sind! Wunschpläne führen zur Resignation.

- **Feste Arbeitszeiten**

  Gewöhnen Sie sich an feste Arbeitszeiten und hoffen Sie nicht auf euphorische Arbeitsstimmung!

- **Einhaltung des Planes**

  Verschwenden Sie keine Zeit darauf, ob, wann und was Sie arbeiten sollen, sondern halten Sie sich an den vorgesehenen Plan!

- **Planung von Zeitreserven**

  Planen Sie Zeitreserven für Unvorhergesehenes, Arbeitsunterbrechungen und zusätzliche nicht eingeplante Arbeiten!

- **Sinnvolle Zeitplanung**

  Eine Zeitplanung kann nur dann sinnvoll sein, wenn die geplanten Arbeitszeiten Ihrem typischen Lebensrhythmus entsprechen und zur Erholung notwendige Pausen und Freizeiten vorsehen.

Der fortgeschrittene Planer kann seine Zeitplanung dadurch verbessern, daß er seine Zeit auf weitergesteckte Ziele hin plant.

☐ *Aufgabe*

Fertigen Sie über 8 bis 10 Tage von Tag zu Tag einen Tagesmerkzettel an! Versuchen Sie dabei, allmählich bestimmte Tagesstunden für feste Aufgaben (z. B. Hausaufgaben) einzuplanen (Gewöhnungseffekt)! Kontrollieren Sie am Ende des Tages, ob die Planung hinsichtlich der geplanten Zeit und Aufgaben realistisch war! Versuchen Sie gegebenenfalls die folgenden Tagesmerkzettel entsprechend zu verbessern!

3.3. Selbstkontrolle: Wie teile ich meine Zeit ein?

Wenn Sie Ihre Zeitplanung verbessern wollen, ist es zunächst notwendig, sich über den Ist-Zustand Rechenschaft zu geben. Sie werden kaum in der Lage sein, den Ablauf eines typischen Werktags ad hoc genau zeitlich zu rekonstruieren. Um einen solchen Ist-Zustand festzustellen, bedient man sich eines Zeitrapports als Hilfsmittel. Als Beispiel geben wir Ihnen zwei Original-Zeitaufnahmen (Seite 35 und 36) von 18jährigen Gymnasiasten.

Im Rahmen eines Tests wurde eine Klasse 13 beauftragt, über 10 Tage Zeitaufnahmebögen zu führen, die als Grundlage für eine Ist-Analyse dienten. Aus dieser wurde nachfolgend ein Soll-Zeitplan entwickelt. Die Tätigkeiten wurden nach bestimmten Tätigkeitsmerkmalen unterschieden und die Schüler angehalten, der Einfachheit halber die Tätigkeiten im 15-Minuten-Zeitraster aufzuschreiben. Nach 10 Tagen wurden die Summenwerte für jedes Tätigkeitsmerkmal und der Durchschnittswert im nachfolgenden Auswertungsbogen (Formblatt 1, Seite 37) erfaßt.

Als Durchschnittswerte pro Tag des Beobachtungszeitraums ergaben sich für:

— Schule/Unterricht: 4 Std. 30 Minuten
— schulbezogene Tätigkeiten (ohne Schulweg): 2 Std. 10 Minuten
— sonstige Tätigkeiten (ohne Schlaf): 8 Std. 32 Minuten

Auch wenn dieser Test keinen Anspruch erhebt, repräsentativ zu sein, lassen sich dennoch einige Schlußfolgerungen aus den Ergebnissen ziehen:
Gemessen am Durchschnitt zeigt der Aufnahmebogen Nr. 5541 (S. 35) eine angemessene Berücksichtigung schulbezogener Tätigkeiten, ausreichenden Raum für Freizeitbeschäftigung und eine bereits vorhandene sinnvolle Zeiteinteilung:

— zusammenhängende Lernphasen
— richtig plazierte Erholungsphasen
— ausreichende Schlafenszeit
— genügend Zeit für die Mahlzeiten
— Zeitreserven (Fernsehen, Tonband, Motorradfahren).

Die Bewertung des Aufnahmebogens Nr. 55 (S. 36) nach vorstehenden Kriterien wollen wir Ihnen selbst überlassen.

☐ *Aufgabe*

Erstellen Sie nach der Vorlage „Aufnahmebogen“ (Seite 35/36) 10 Blätter und tragen Sie Art und Dauer der Tätigkeiten darin ein! Um ein realistisches Bild zu erhalten, beachten Sie, daß Sie zunächst Ihren gewohnten Tagesverlauf nicht verändern!

Tragen Sie am Ende der Beobachtungsreihe die ermittelten Werte in den Auswertungsbogen (Formblatt 1, Seite 37) ein, ermitteln Sie die Durchschnittswerte! Erstellen Sie einen Wochenplan nach dem Vorbild des in Kap. 6.3. Tatsächliche Hausaufgaben eines Oberstufenschülers (Seite 77) dargestellten, und tragen Sie die Zeiten für die Tätigkeitsgruppen I und II verschiedenfarbig ein! Prüfen Sie diesen Wochenplan hinsichtlich der Verteilung von Arbeitszeit und Freizeit, und nehmen Sie Änderungen dort vor, wo die Arbeitszeiten zu gedrängt sind! Vergleichen Sie die Auswertungsbogen nach Möglichkeit mit denen Ihrer Mitschüler, um festzustellen, ob bestimmte Tätigkeiten zu viel oder zu wenig Zeit bei ihnen in Anspruch nehmen!

Aufnahmebogen				
Klasse: 13		Nr. 5541		Beobachter: selbst
Beginn/Studie	11.08.75	Ende/Studie	20.08.75	männl. ☒ weibl. ☐
Blatt-Nr. 2				
Tag: Di., 12.08.75				

Uhrzeit: von bis	Tätigkeiten	Art	Stunde
23.00 - 7.00	Schlafen	II 1	8.00
7.00 - 7.15	Aufstehen, Waschen	II 3	0.25
7.15 - 7.45	Frühstück	II 2	0.50
7.45 - 8.00	Schulweg	I 5	0.25
8.00 - 13.15	Unterricht	I 1	5.25
13.15 - 14.00	Schulweg	I 5	0.75
14.00 - 14.45	Mittagessen	II 2	0.75
14.45 - 15.15	Platten hören	II 4	0.50
15.15 - 16.15	Englisch schreiben	I 2	1.00
16.15 - 17.30	Lektüre, deutsch	I. 4	1.25
17.30 - 18.30	Tonband hören	II 4	1.00
18.30 - 19.00	Abendessen	I 2	0.50
19.00 - 20.00	Motorradfahren	II 5	1.00
20.00 - 21.45	Fernsehen	II 4	1.75
21.45 - 22.15	Baden	II 3	0.50
22.15 - 23.00	Lektüre, deutsch	I 4	0.75
23.00 - 23.15	Tagesrapport	I 2	0.25
			24.25

I schulbezogene Tätigkeiten
I 1: Schule/Unterricht
I 2: Hausaufgaben – schriftl.
I 3: Hausaufgaben – mündl.
I 4: Lektüre – Schule
I 5: Schulweg

II Sonstige Tätigkeiten
II1: Schlafen
II2: Essen
II3: Hygiene
II4: TV, Radio, Phono, Kino/Theater, Lektüre
II5: Hobby/Sport
II6: Geselligkeit, Club, Verein
II7: andere Tätigkeiten, z. B. Hilfe im Haushalt, Familie, „Gammeln“

I								
1	2	3	4	5				
5.25	1.25	–	2.0	1.0			STD	
							Σ	9.50

II								
1	2	3	4	5				
8.0	1.75	0.75	3.25	1.00			STD	
							Σ	14.75

Aufnahmebogen				
Klasse: 13		Nr. 55		Beobachter: selbst
Beginn/Studie	11. 8. 75	Ende/Studie	20. 8. 75	männl. ☒ weibl. ☐

Blatt-Nr. 1

Tag: Mo., d. 11. 8. 75

Uhrzeit: von – bis	Tätigkeiten	Art	Stunde
23.00 – 6.45	Schlafen	II 1	7,75
6.45 – 7.05	Aufstehen / Hygiene	II 3	0,25
7.05 – 8.10	Schulweg	I 5	1,00
8.10 – 13.15	Schule / Unterricht	I 1	5,00
13.30 – 14.15	Schulweg	I 5	0,75
14.15 – 14.30	Essen	II 2	0,25
14.30 – 15.00	Radiohören, Zeitungslektüre	II 4	0,50
15.00 – 16.00	Schlafen	II 1	1,00
16.00 – 16.30	Kaffeetrinken	II 2	0,50
16.30 – 18.00	Auto-Probefahrt	II 7	1.50
18.00 – 18.30	finanzielle Fragen des Autokaufs geklärt	II 7	0,50
18.30 – 19.00	Vorbereitung zur Erledigung der Hausaufgaben; Sportvorbereitungen	I 3, II 5	0,50
19.00 – 19.35	Busfahrt zum Training	II 5	0,50
20.00 – 21.30	Training	II 5	1,50
21.30 – 22.30	Spielersitzung	II 5	1,00
22.30 – 23.00	Warten auf den Bus	II 5	1,00
23.30 – 24.00	Busfahrt	II 5	0,50
24.00 – 24.05	Schule (Hausaufgaben)	I 2, I 3	

I schulbezogene Tätigkeiten
I 1: Schule/Unterricht
I 2: Hausaufgaben – schriftl.
I 3: Hausaufgaben – mündl.
I 4: Lektüre – Schule
I 5: Schulweg

II Sonstige Tätigkeiten
II1: Schlafen
II2: Essen
II3: Hygiene
II4: TV, Radio, Phono, Kino/Theater, Lektüre
II5: Hobby/Sport
II6: Geselligkeit, Club, Verein
II7: andere Tätigkeiten, z. B. Hilfe im Haushalt, Familie, „Gammeln"

I									
1	2	3		5					
5.00	0.00	0.00		1.75				STD	
								Σ	6,75

II									
1	2	3	4	5	6	7			
8,75	0,75	0,25	0,50	3,50	–	4,50		STD	
								Σ	18.25

☐ *Aufgabe*

Tragen Sie in Formblatt 1 die aufgrund der Aufnahmebogen 1—10 ermittelten Werte ein! Ermitteln Sie den Durchschnittswert für die verschiedenen Tätigkeiten!
Die Durchschnittswerte sollen Ihnen zu Überlegungen Anlaß geben, einen individuellen Wochenzeitplan zu erstellen.

Formblatt 1 – Auswertungsbogen

Bezeichnung	Tätigkeit	Mo	Di	Mi	Do	Fr	Sa	So	Mo	Di	Mi	Σ	∅
I_1	Schule/Unterricht												
I_2	Hausaufgaben – schriftlich												
I_3	Hausaufgaben – mündlich												
I_4	Lektüre – Schule												
I_5	Schulweg												
II_1	Schlafen												
II_2	Essen												
II_3	Hygiene												
II_4	TV, Radio, Phono, Kino/Theater, Lektüre												
II_5	Hobby, Sport												
II_6	Geselligkeit, Club, Verein												
II_7	andere Tätigkeiten, z. B. Hilfe im Haushalt, Familie, „Gammeln“												

☐ *Aufgabe*

Kontrollieren Sie anhand folgender Checkliste mehrere Wochenpläne, um Verbesserungen vornehmen zu können!

Formblatt 2 – Checkliste: Wochenplan

Kontrollfragen	ja	nein	Verbesserungsmöglichkeiten
1. Entspricht die Zeiteinteilung meinen Zielvorstellungen?			
2. Entspricht der Zeitaufwand für die einzelnen Tätigkeiten ihrer Wichtigkeit?			
3. Ist der Zeitaufwand den Tätigkeiten angemessen (zu hoch – zu niedrig)?			
4. Stehen Lernphasen, Pausen und Freizeit in einem richtigen Verhältnis der Abfolge zueinander?			
5. Ist der Zeitplan ausreichend flexibel und realistisch?			
6. Gewinne ich durch die Zeitplanung befriedigende Arbeitsergebnisse und arbeitsfreie Freizeitphasen?			
7. Wende ich zur Arbeitsbewältigung geeignete Arbeitsmethoden an?			

3.4. Lang-, mittel- und kurzfristige Zeitpläne

Eine sinnvolle Zeitplanung soll dazu führen, die vorhandene Zeitkapazität so einzusetzen, daß mit ausreichender Flexibilität ein ausgewogenes Lern- und Arbeitsprogramm bewältigt werden kann. Dazu verhelfen die aufgrund der individuellen Zielvorstellungen entwickelten lang-, mittel- und kurzfristigen Pläne, die nach der Methode der allmählichen Präzisierung aufgebaut werden. Graphisch ergibt sich hierzu das folgende Bild:

Organisationsschema zur Zeitplanung

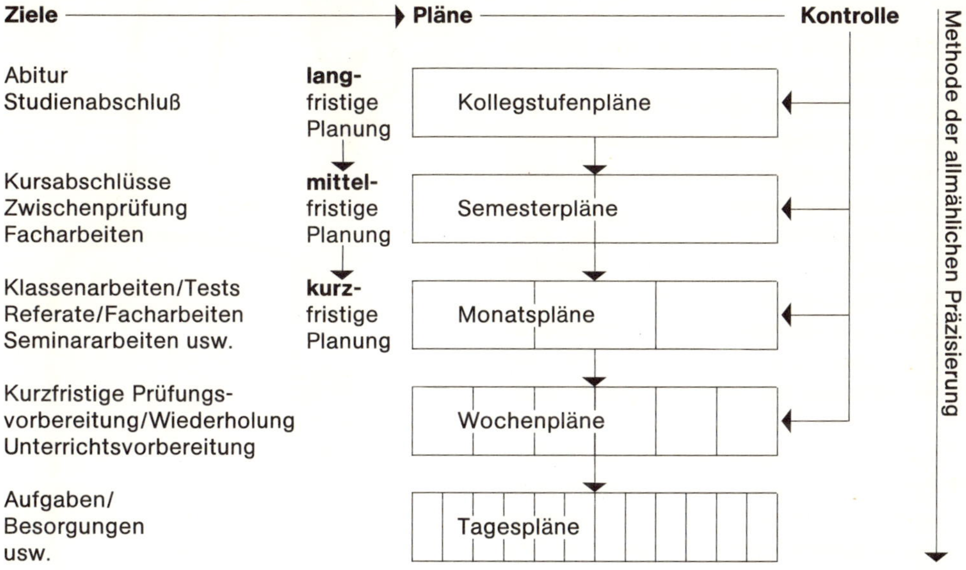

Bei der *langfristigen Zeitplanung* handelt es sich um die Festlegung der ferneren Ziele, z. B. das Abitur für den Oberstufenschüler oder den Hochschulabschluß für den Studenten. Vom Ziel her müssen Mittel und Zeitplan, die der Erreichung des Zieles dienlich sind, geplant werden.

Ein Fernziel läßt sich nur über Zwischenziele, die durch *mittelfristige Planungen* festgelegt werden, erreichen. Während langfristige Ziele in der Regel nur grob strukturiert werden können (Abitur, Diplomprüfung), kann man über Zwischenprüfungen in der Regel präzisere Angaben machen und sie stärker konkretisieren (z. B.: Welche Kurse, Vorlesungen, Seminare müssen belegt werden? Welche Bücher, Hilfsmittel und Skripten müssen beschafft werden? Welche Prüfungsanforderungen sind zu erfüllen?).

Die *kurzfristigen Pläne* enthalten dann präzise Angaben darüber,
— welche Aufgaben
— in welcher Reihenfolge
— mit welchem Zeitaufwand

erfüllt werden müssen. Wochen- und Tagespläne schließlich legen in exakter zeitlicher Einteilung Feinziele und Arbeitsaufgaben fest. Jede Phase der Planung muß durch einen Soll-Ist-Vergleich kontrolliert werden, um

1. die Abweichungen zwischen Soll und Ist festzustellen und
2. daraus resultierende Plankorrekturen vornehmen zu können.

So erreicht man von der Grobzielplanung zur Feinzielplanung hin eine allmähliche Präzisierung und Konkretisierung der Arbeitsaufgaben und Zeitpläne.

Diese Planungsmethode bringt eine Reihe von *Vorteilen:*

- **Der knappe Faktor Zeit wird ökonomisch eingesetzt**
- **Die Lernphasen werden intensiviert**
- **Das Erreichen von Zwischenzielen bringt Erfolgserlebnisse und damit neue Motivationen**
- **Streßsituationen, vor allem vor Prüfungen, werden durch eine geplante Arbeitsverteilung gemildert**
- **Durch Zeitplanung und Aufgabenpräzisierung kann man rechtzeitig die Beschaffung der notwendigen Arbeitsmaterialien sicherstellen (z. B. Ausleihe oder Anschaffung von Büchern)**
- **Ein Plan erfordert zwar Zeitaufwand, erspart dann aber die Mühe dauernder Entscheidungen darüber, welche Aufgaben und Tätigkeiten in welcher Reihenfolge durchgeführt werden sollen**
- **Planung schafft Freiräume für „Freizeit ohne Reue"**
- **Schul- und Semesterferien lassen sich langfristig als echte Freizeit planen**
- **Wochenenden bieten Entspannung ohne Arbeitsdruck**
- **Tagespläne enthalten fixierte Freistunden.**

Um Fehlinterpretationen der Planung zu vermeiden, sei nochmals darauf hingewiesen, daß Pläne immer der Revision bedürfen, da sich die Ziele selbst ändern können oder auch die für die einzelnen Phasen angesetzte Zeit sich als zu hoch oder zu niedrig erweisen kann. Deshalb sind Pläne nicht als starre Instrumente, sondern in der Regel korrekturbedürftig und flexibel zu handhaben. Dennoch haben sie als Arbeitsmittel einen hohen Wert, da ziel- und planloses Arbeiten selten zu Erfolgen führt.

4. Organisieren Sie Ihren Arbeitsplatz!

Für die meisten geistig Tätigen stellt sich die Frage nach dem Ort ihrer Arbeit nicht. Beruf und Betrieb binden sie an einen festen Arbeitsplatz.
Schüler und Studenten sind in der Wahl ihres Arbeitsplatzes freier. Sie können sich häufig zwischen einem Arbeitsplatz in der Schule, z. B. in einem Schülerarbeitsraum oder einer Schulbibliothek, in einer öffentlichen Bibliothek, einem Seminarraum oder einem Arbeitsplatz zu Hause, vielleicht sogar im eigenen Zimmer, entscheiden.
Außerhäusliche Arbeitsplätze haben häufig den Vorteil, daß sie eine motivierende, zur Arbeit anregende Atmosphäre ausstrahlen. Sie sind in der Regel ruhig und wirken anregend durch den Fleiß und die Konzentration anderer Benutzer und ermöglichen, sofern sie eine Präsenzbibliothek enthalten, deren Benutzung. Ablenkungen, die häufig die Arbeit zu Hause beeinträchtigen — Telefon, Radio, Fernsehen, Familienangehörige, Besuche usw. — entfallen.
Als Nachteil wirkt sich aus, daß jeweils die notwendigen Arbeitsmittel mitgebracht werden müssen.
Öffentliche Arbeitsräume in der Schule eignen sich für den Schüler in der Regel nur zur Überbrückung von Freistunden oder dann, wenn sich die Organisation eines eigenen Arbeitsplatzes zu Hause nicht realisieren läßt. Leider entsprechen in den meisten Schulen die Ausstattung und Arbeitsbedingungen der Schülerarbeitsräume nicht den an sie zu stellenden Anforderungen.
Weil die Bedingungen, die Schüler für ihre Arbeit zu Hause vorfinden, sehr unterschiedlich sind, möchten wir Ihnen Vorschläge zur Gestaltung des Raumes und Arbeitsplatzes machen und Tips zur Anschaffung solcher Bücher und Arbeitsmittel geben, die sich in der Praxis bewährt haben und die wir deshalb für empfehlenswert halten.

4.1. Raum und Arbeitsplatz

Bei der Arbeit zu Hause findet der Schüler zwei Möglichkeiten vor: Entweder besitzt er ein eigenes Zimmer, oder er muß seinen Arbeitsplatz in einem Raum einrichten, den auch andere Familienangehörige mitbenutzen. Bei letzterem sind die die Arbeit beeinträchtigenden Störfaktoren normalerweise sehr viel größer und schwerer zu beheben, als dies beim eigenen Zimmer der Fall ist. Dennoch lassen sich bei gutem Willen der Beteiligten Möglichkeiten zur Errichtung eines festen Arbeitsplatzes schaffen. Hierfür gelten dann grundsätzlich die gleichen Bedingungen, wie sie an den Arbeitsplatz im eigenen Zimmer zu stellen sind. Zwar macht auch der besteingerichtete Arbeitsplatz das Lernen nicht überflüssig, aber er erleichtert es. Der schlecht eingerichtete Arbeitsplatz jedoch kann das Lernen nicht unerheblich erschweren.

Schreibtisch und Stuhl

Die Grundvoraussetzung für einen Arbeitsplatz ist ein Tisch, eine Schreibplatte oder ein Schreibtisch mit bestimmten Mindestmaßen. Als Mindestgröße ist eine Arbeitsfläche von 100 × 60 cm zu fordern.

Wünschenswert ist eine Fläche, die über diese Maße hinausgeht, da sie bessere Ordnung ermöglicht, die Unterbringung von Materialien und Büchern erlaubt und dadurch die Arbeit erleichtert.

Die Schreibtischhöhen liegen in der Regel zwischen 70 und 80 cm. Wenn ein Schreibtisch über diese Mindestanforderungen hinaus Schubladen, Seitenfächer (Schnapprollos sind zweckmäßiger als sperrige Türen) und eine Hängeregistratur, Ausziehplatte etc. aufweist, ist das auch für den Schüler als ideal anzusehen.

Als zweckmäßig erachten wir den Stuhl, der

— *nicht zu weich*
— *nicht zu hart, sondern*
— *bequem*
— *in der Höhe verstellbar ist*

und auf dem man ohne Muskelverspannung und Ermüdung mehrere Stunden sitzen kann. Daraus mögen Sie erkennen, daß notfalls der einfache Küchenstuhl diesen Anforderungen eher entspricht als der komfortable Schaukelstuhl oder der schicke Clubsessel.

Der Schreibtisch soll so aufgestellt werden, daß der Tageslichteinfall, um lästige Schattenbildung zu vermeiden, von links oder von vorne geschieht.

Beleuchtung

Auch die gute Beleuchtung ist eine Voraussetzung für Arbeitsintensität. Eine nicht ausreichende oder unzweckmäßige Beleuchtung führt zu schneller Ermüdung, zu Konzentrationsschwierigkeiten und erschwert dadurch die Arbeit. Folgende Bedingungen sind an eine gute Beleuchtung zu stellen: Die künstliche Lichtquelle sollte

- **von links oder von vorn die Schreibfläche beleuchten**
- **eine in Höhe und Leuchtbereich verstellbare Lampe sein**
- **eine Birne von mindestens 60 Watt enthalten**
- **kontrastfrei, ausreichend und gut verteilt die Arbeitsfläche erhellen.**

Störungen

Daß zu intensiver und fruchtbarer geistiger Arbeit ein *ruhiger, störungsarmer* Arbeitsplatz notwendige Voraussetzung ist, scheint nicht jedem Schüler eine Selbstverständlichkeit zu sein. Erfahrungen und Untersuchungen zeigen, daß Arbeit häufig durch verschiedene Störungen beeinträchtigt wird, die entweder bewußt aufgenommen oder auch nur im Randbewußtsein registriert werden, aber sich dennoch nachteilig auf die Qualität der Arbeit auswirken.

Eine von Schülern bevorzugte, häufig nicht als Störung, sondern als Stimulanz angesehene Geräuschkulisse bei der Arbeit bildet die Musik. Die Annahme, Musik wirke als Stimulanz bei der Arbeit leistungssteigernd, wird von ca. 70 % aller Schüler vertreten, hat sich aber in „Untersuchungen an Schülern über die Beeinflussung des Lern- und Konzentrationsvermögens bei den Hausaufgaben durch Musik“ als nicht stichhaltig erwiesen. Im Gegenteil: Michael Herbert konnte im Rahmen einer mehrfach preisgekrönten Untersuchung für den Wettbewerb „Jugend forscht“ 1975 nachweisen, daß Musik im Hitergrund das Lernen stört, die Leistung verschlechtert und die Konzentrationsfähigkeit verringert [7].

Auf einige andere Störfaktoren, die wir in solche unterscheiden, die im Bewußtsein wahrgenommen werden, und andere, die nur das Randbewußtsein tangieren, verweisen wir, damit Sie auf diese aufmerksam werden und sie gegebenenfalls beseitigen können [8].

In diesem Zusammenhang verweisen wir auf eine Veröffentlichung des „Instituts für Arbeitswissenschaft“ der Technischen Universität Berlin, die „Störfaktoren und ihre Auswirkungen bei geistiger Arbeit“ untersucht und eine Minderung der Arbeitsleistung bis zu 25 % durch unterschiedliche Störfaktoren feststellt [9]. Die im Berufsleben und Betrieben anzutreffenden Störquellen können weitgehend mit denen im privaten Bereich auftretenden identisch sein und lassen sich folgendermaßen gliedern:

[7] Vgl. Saarbrücker Zeitung vom 8. August 1975.

[8] Vgl. Kap. 6.3. Wieviel Zeit für Hausaufgaben?

[9] Becker, M. und Sämann, W.: Störfaktoren und ihre Auswirkungen bei geistiger Arbeit, in: REFA-Nachrichten 24 (1971) Heft 1, Seiten 17—24.

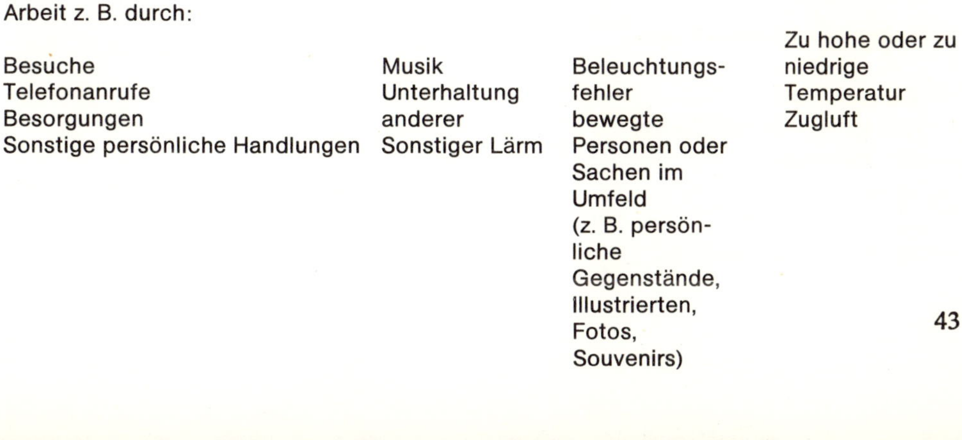

4.2. Arbeitsmaterial

Eine unerläßliche Voraussetzung für den Arbeitsplatz sind die notwendigen Arbeitsmaterialien, die in ausreichender Menge und stets griffbereit zur Hand sein müssen. Soweit nicht vorhanden, empfiehlt es sich, folgende Arbeitsmaterialien anzuschaffen, die in oder auf dem Schreibtisch unterzubringen sind:

Papier

— Schreibmaschinenpapier
— Kohlepapier
— Durchschlagpapier
— Notizpapier / Konzeptpapier
— Liniertes und kariertes Papier
— Ringbucheinlagen
— Millimeterpapier / Zeichenpapier

Schreibgeräte

— Füllfederhalter
— Kugelschreiber
— Vierfarbenstift
— Bleistifte verschiedener Härtegrade
— Tuschschreiber
— Farbstifte, Filzstifte
— Ersatzminen, Tinte, Tintenpatronen,
— Tusche

Zeichengeräte

— Zirkelkasten
— Lineal, Schablonen, Kurvenlineal

Sonstige Arbeitsmaterialien

— Radiergummi
— Messer oder Bleistiftspitzer
— Tintenlöscher
— Tipp-Ex
— Locher
— Hefter (Ersatzklammern)
— Büroklammern
— Schere
— Klebestift
— Klebstreifen
— Schnellhefter
— DIN-A-4-Ordner
— Kalender
— Papierkorb

Um unnötiges Suchen und überflüssige Gänge zu vermeiden, empfiehlt es sich, eine Einkaufsliste zu erstellen und die fehlenden Gegenstände so bald wie möglich anzuschaffen.
Als zweckmäßig und notwendig für Oberstufenarbeit und Studium sollte auf die Dauer die Anschaffung einer Reiseschreibmaschine und eines Taschenrechners in den Finanzplan eingesetzt werden.
Für häufig unzweckmäßig und in der Regel zu teuer halten wir die Anschaffung repräsentativer Schreibtischgarnituren aus Leder oder Marmor. Mit ein wenig Phantasie und Fertigkeit kann man sich diese Dinge aus üblichen Haushaltsgegenständen zusammenstellen, sich selbst basteln oder für geringe Beträge im Kaufhaus erwerben (z. B. Trinkglas als Behälter für Schreibgeräte; Zigarrenkasten für Kleinutensilien oder als Zettelkasten).
Als Tip empfehlen wir Ihnen noch die Anbringung eines „Pinnbretts" aus Styropor oder Dämmplatte, an dem wichtige Merkzettel, Notizen, Zeitpläne, Aufstellungen etc. „angepinnt" werden.

☐ *Aufgabe*

Überprüfen Sie Ihren Arbeitsplatz anhand folgender Checkliste!

☐ *Aufgabe*

Vervollständigen Sie anhand der Angaben in Kapitel 4.2. das Schema zu einer Checkliste!

Formblatt 3

	Mängel		Vorgesehene Abhilfen
	ja	nein	
Raum und Arbeitsplatz – Schreibtisch – Stuhl – Beleuchtung Störfaktoren im Bewußtsein – Besuche – Telefonanrufe – Besorgungen – Sonstiges im Randbewußtsein – akustische: – Musik – Unterhaltung anderer – sonstiger Lärm – visuelle: – bewegte Personen – persönliche Gegenstände – anderes – klimatische: – Temperatur – Zugluft			

Formblatt 4

Arbeitsmaterial	vorhanden		Anschaffung geplant bis
	ja	nein	
Papier			
– Schreibmaschinenpapier	x		
– Kohlepapier		x	Ende dieser Woche
– ...			
– ...			
– ...			

4.3. Der Handapparat des Oberstufenschülers

Obwohl wir verwundert den Kopf schütteln, wenn ein Klempner zur Reparatur eines Wasserhahns ohne zweckmäßiges Handwerkszeug erscheint, scheint es dennoch nicht immer klar zu sein, daß auch geistige Arbeit rationell und ökonomisch nicht ohne eine Mindestausstattung an Büchern und Arbeitsmitteln möglich ist.
In der Wissenschaft bezeichnet man diese Mindestausstattung an „Handwerkszeug" als Handapparat und versteht darunter die Gesamtheit der für eine wissenschaftliche Aufgabe notwendigen Hilfsmittel. Für den Schüler sind das die im vorhergehenden Abschnitt aufgeführten Arbeitsmaterialien und die für die Durchführung seiner Aufgaben notwendige Mindestausstattung an Büchern.
Wir unterscheiden zwischen einer *Mindestausstattung* an fachübergreifenden und fachspezifischen Büchern und einer *Zusatzausstattung* an wünschenswerten Büchern, die sich nach den gewählten Kursen, Interessenschwerpunkten und zukünftigen Berufs- bzw. Studienwünschen richtet.
Vor den finanziellen Belastungen sollten Sie nicht erschrecken, sondern überlegen, in welchen Zeiträumen Sie die Anschaffung in Ihren persönlichen Finanzplan einsetzen können (Geburtstage, Weihnachten usw.). Im übrigen sehen auch die Schüler- und Studentenförderungsgesetze (BAFÖG) ausdrücklich Richtbeträge für diesen Zweck vor.

Mindestausstattung

Fachübergreifend
— Rechtschreibeduden
— Geographischer Atlas

Fachspezifisch
— Eingeführte Lehrbücher
— Wörterbücher (fremdsprachlich)
— Logarithmentafel
— Historischer Atlas
— Notwendige Lexika

Zusatzausstattung

☐ *Aufgabe*

Stellen Sie sich für die Zusatzausstattung eine Liste von Büchern und Arbeitsmaterial zusammen!
Berücksichtigen Sie dabei die Schwerpunkte Ihres Oberstufencurriculums und stimmen Sie Ihre Pläne mit den Fachlehrern ab!
Entwerfen Sie einen Finanzplan!

4.4. Organisation und Ordnungssysteme

Nehmen wir an, der im vorhergehenden Kapitel zitierte Handwerksmeister sei ein Vorbild seines Berufsstandes, dann dürfen wir annehmen, daß er das zur Durchführung seiner Arbeiten benötigte Material und Handwerkszeug systematisch geordnet in seinem Handwerkskasten bei sich führt. Mit raschem und sicherem Griff findet er sofort das notwendige Gerät und das geeignete Material.
Für den geistig arbeitenden Schüler gibt es analog Ordnungssysteme, die dazu dienen sollen, Informationen zu sammeln, zu speichern und dauernd verwendungsfähig zu halten. Wir halten es für unerläßlich, daß Kollegstufenschüler für die Organisation ihrer Arbeit sich geeigneter Ordnungssysteme bedienen. Ordnung in diesem Sinne ist nicht Selbstzweck, sondern spart Zeit und gewährleistet, daß die vorhandenen Informationen sinnvoll ausgewertet werden können.

Von der Vielzahl der im Berufsleben gebräuchlichen Ordnungssysteme schlagen wir Ihnen diejenigen vor, von denen wir meinen, daß sie von Schülern preisgünstig (Massenartikel) anzuschaffen und für ihre Zwecke einfach zu handhaben sind.

4.4.1. Sammelordner

Für die Ablage von Unterrichtsmitschriften und zur Sammlung von sonstigem schriftlichen Material eignen sich:
— Ordner mit Lochheftung (z. B. Leitzordner)
— Schnellhefter
— Sammelmappen
— Klarsichthüllen.

Für Schüler genügen in der Regel wenige Sammelordner mit Untergliederung, d. h. mit dünnen einheftbaren Unterordnern für die einzelnen Fächer oder Sachgebiete. Auf dem Rücken des Sammlers sollten Stichworte deutlich den Inhalt des Ordners erkennen lassen. Farblich unterschiedliche Unterordner und Sammelordner erleichtern die Orientierung.
Sammelmappen und Klarsichthüllen beschriftet man um der Deutlichkeit willen mit Filzschreiber.

4.4.2. Karteisysteme

Für denjenigen, der in größerem Umfang geistig arbeitet, der Spezialinteressen pflegt oder bei dem sich eine große Menge von Material ansammelt, empfiehlt sich die Anlage von Karteien.
Unter einer Kartei versteht man eine Sammlung von Pappkarten gleichen Formats (Grundkarten), die der Aufnahme von Informationen dienen und nach bestimmten Systemen geordnet werden. Man unterscheidet *Grundkarten* und *Leitkarten*. Grundkarten sind die eigentlichen Informationsträger; etwas höhere Leitkarten gliedern die Kartei. Den Zweck der Gliederung erfüllen auch „Reiter“, die auf eine Grundkarte aufgeklemmt werden.
Karteikarten gibt es in den DIN-Formaten A 4, A 5, A 6 und A 7. (Eine Übersicht über die DIN-Formate finden Sie auf Seite 48.) Das bei wissenschaftlichen Arbeiten gebräuchlichste Format ist DIN A 6 (Postkartengröße), weil diese Kartengröße ausreichend Raum für Text bietet und die Kartei als ganze noch handlich ist.

Vorteile von Karteikartensystemen sind:

- **Flexibilität**

Ergänzungen, Änderungen, neue Informationen lassen sich leicht in die bestehende Ordnung einfügen, veraltete oder überflüssig gewordene Karten leicht entfernen. Auch kann man leicht anderes Material (Zeitungsausschnitte, Umdrucke, Photokopien etc.) dem System zuordnen. Die in der Kartei gespeicherten Informationen lassen sich einfach neuen Stoffgebieten, Aufgaben oder Themen zuordnen.

- **Transparenz**

Je nach dem der Kartei zugrunde liegenden Ordnungssystem ermöglicht sie einen raschen Überblick über das jeweils vorhandene Material.

- **Handlichkeit**

Die durch das Format bedingte Handlichkeit gewährleistet, daß die Karteikarten leicht mit an den jeweiligen Arbeitsplatz genommen werden können (z. B. in die Bibliothek) und damit jederzeit bei der Arbeit zur Verfügung stehen.

DIN-Formate

Grundfläche = 1 qm = 841 x 1189 mm = A 0

$$\left.\begin{array}{l} \text{A 0 : A 1} \\ \text{A 1 : A 2} \\ \text{A 2 : A 3} \\ \text{usw.} \end{array}\right\} = 2 : 1$$

$$\text{Lang-Seite von} \left\{\begin{array}{l} \text{A 0} \\ \text{A 1} \\ \text{A 2} \\ \text{usw.} \end{array}\right. : \text{Schmal-Seite von} \left\{\begin{array}{l} \text{A 0} \\ \text{A 1} \\ \text{A 2} \\ \text{usw.} \end{array}\right. = \sqrt{2 : 1}$$

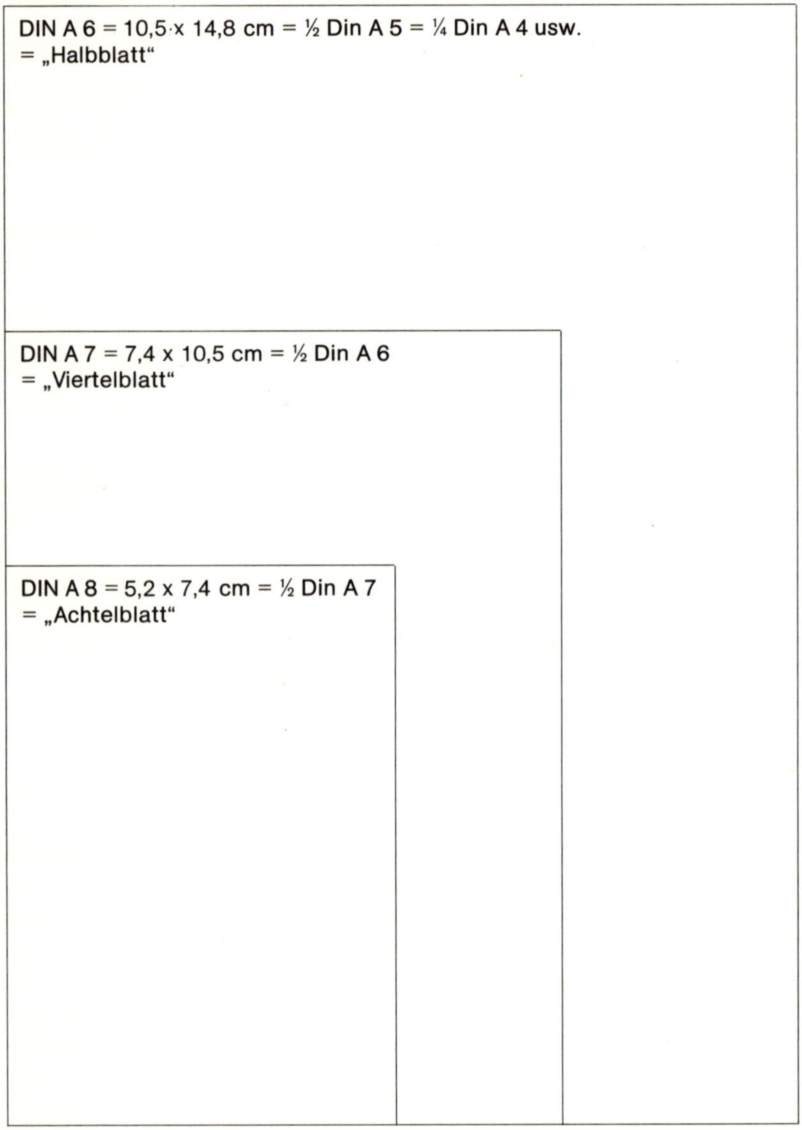

Anwendung

Man wird allerdings zugeben müssen, daß Karteien nicht in jedem Falle sinnvoll und zweckmäßig sind. Da ihre Anlage und Fortführung relativ zeitraubend ist, erachten wir sie nur dann für sinnvoll, wenn die Arbeit mit der Kartei auf längere Sicht hinsichtlich der mit ihr zu bewerkstelligenden Arbeitsaufgabe Informationsvorteile und Zeitersparnis bringt.
Für den Oberstufenschüler sind das im wesentlichen zwei Fälle:

Wenn er auf *längere Sicht* spezifische Interessens- und Leistungsschwerpunkte bildet, bei denen er vielfältige Kenntnisse und Informationen sammeln und systematisieren und diese dennoch kurzfristig verfügbar halten muß. Dies trifft besonders bei Leistungskursen zu, da diese propädeutischen Charakter haben und über das Lehrbuch hinaus vielfältiges Quellenmaterial — Umdrucke, Photokopien, Buchexzerpte, Literaturangaben, Zeitungs- und Zeitschriftenartikel, Thesenblätter, Mitschülerreferate usw. — gesammelt und systematisch geordnet werden muß. Ohne Ordnungssysteme gerät man leicht in die Lage, daß man sich zwar an Informationen erinnert, diese aber nur schwer, nur zeitraubend oder auch gar nicht mehr auffindet.

Der 2. Fall, in dem uns eine Arbeit mit Karteikarten sinnvoll erscheint, ist der, daß in einem *befristeten Zeitraum* eine wissenschaftspropädeutische Arbeit zu erbringen ist, bei der die Auswertung unterschiedlicher und gelegentlich breit gestreuter Primär- und Sekundärliteratur verlangt wird. Wenn auch in solchen Fällen die Anlage einer Kartei nicht immer erforderlich sein muß, so ist der Umgang mit dieser Arbeits- und Informationsmethode doch im Hinblick auf künftige wissenschaftliche Arbeiten (Seminar- und Diplomarbeiten) von großem Wert.

Arten

Aus der Vielzahl möglicher Karteisysteme möchten wir dem Oberstufenschüler folgende für seine Arbeit vorstellen.

Fundstellenkartei

Die Fundstellenkartei dient der Katalogisierung und dem leichteren Wiederauffinden vorhandener Materialien. Unter einem Ordnungswort (Schlagwort) enthält die Karteikarte den Hinweis auf den Fundort (Ordner, Unterordner, Sammelmappe, Buch, Mitschrift, Heft usw.) der gesuchten Unterlagen.

Materialkartei

Für die Stoffsammlung im Hinblick auf ein Referat, Facharbeit oder eine größere wissenschaftliche Abhandlung empfiehlt sich die Anlage einer Materialkartei, nach Schlag- oder Stichwörtern geordnet. Die Schlagwörter ergeben sich aus der beabsichtigten Gliederung der Arbeit, wobei man aber schon in der Phase der Stoffsammlung möglichst differenziert und tief gliedern sollte. Im Zuge der Lektüre kann das Karteisystem durch hinzukommende Gesichtspunkte jederzeit erweitert und ergänzt werden.
Die Karten der Materialkartei enthalten außer dem Stichwort Inhaltsauszüge, wichtige Zitate und bibliographische Angaben.

Muster einer Fundstellenkarteikarte

Arbeitstechnik	← „Reiter“

Referat		← Ordnungswort
1. Stundenmitschrift-Grundkurs Deutsch, Klasse 11.1. vom ... 1975	Ordner II, 1	← Fundstelle
2. Hülshoff-Kaldewey: Training Rationeller lernen und arbeiten, S. ...	Handapparat	
3. Van Parreren u. a.: Erfolgreich studieren, Freiburg – Basel – Wien 1969, S. 66 ff.	Schulbibliothek	
		→ Raum für Anmerkungen,

Muster einer Autorenkarteikarte

Mackenzie, R. Alec,	← Verfasser
Die Zeitfalle. Sinnvolle Zeiteinteilung und Zeitnutzung; Heidelberg 1974	← Titel
FO: Stadtbücherei Katalog-Nr. 17-741	← Fundort
Anmerkung: Zeitökonomie für Manager; für Schüler und Studenten weniger geeignet.	← Anmerkung
6. 7. 1976	← Lesedatum

Muster einer Materialkarteikarte

Referat	← Ordnungswort
Materialsammlung	← 2. Ordnungswort
„Auf diese Karten schreibt man die Angaben, die man voraussichtlich für das Referat brauchen wird. Das sind auf alle Fälle zunächst einmal die richtigen bibliographischen Daten der betreffenden Publikation. Bei einem Buch sind das: der Name des Verfassers mit dem Vornamen oder dessen Anfangsbuchstaben, Titel, Erscheinungsort und Erscheinungsjahr. Bei Zeitschriften außer dem Titel auch noch der Jahrgang. Ferner schreibt man auf die Karte, was in der betreffenden Publikation für das zu bearbeitende Thema wichtig ist. Artikel in Fachzeitschriften sind gewöhnlich mit einer kurzen Zusammenfassung versehen. Manchmal kann man diese einfach übernehmen; oft aber ist ein solches Resümee in der vorliegenden Form nicht geeignet. In diesem Fall muß man selbst in kurzen Worten herausheben, was einem für das eigene Thema von Belang scheint.“	← Zitat
Parreren, van C. F. u. a.: Erfolgreich studieren, Wien – Freiburg – Basel (Herder), 1969, S. 73/74	← bibliographische Angabe
	← Raum für Anmerkungen

Autorenkartei

Für Arbeiten größeren Umfangs mit einem ausführlichen Literaturverzeichnis hat die Anlage einer Autorenkartei auf DIN-A-7-Karten (halbes Postkartenformat) erhebliche Vorzüge. Sie dient der Sammlung von Literatur, bibliographischen Angaben (besonders bei entliehenen Büchern), kurzen Vermerken über den Standort/Fundort, stichwortartigen Anmerkungen und Wertungen des Gelesenen und Lesedatum. Anhand der Autorenkartei läßt sich schnell ein alphabetisch geordnetes Literaturverzeichnis erstellen.

Formel- und Lehrsatzkartei

Zum Wiederholen und Nachschlagen kann sich vor allem dann, wenn keine gebundene Formelsammlung vorliegt, der Aufbau einer auf die eigene Arbeit zugeschnittenen Formel- und Lehrsatzkartei empfehlen. Sie ist eine einfache Form der Lernkartei und dient zugleich als Nachschlageregister innerhalb des eigenen Handapparats. Ein Muster für eine solche Formel- und Lehrsatzkarteikarte finden Sie auf Seite 52.

Muster einer Formel- und Lehrsatzkarteikarte

Karteikarte	
Arbeitstechnik	← Ordnungswort
Lektüre von Fachliteratur	← 2. Ordnungswort
Die 5-Schritt-Methode 1. Überblick gewinnen 2. Fragen stellen 3. Lesen 4. Rekapitulieren 5. Zusammenfassende Wiederholung	← Formeln Lehrsätze Regeln
	← Raum für Anmerkungen, Ergänzungen etc.

5. Aktive Mitarbeit im Unterricht

Mit der „Vereinbarung zur Neugestaltung der gymnasialen Oberstufe in der Sekundarstufe II vom 7. Juli 1972" will die Kultusministerkonferenz „die gymnasiale Oberstufe stärker als bisher sowohl an den Anforderungen einer sich verändernden Gesellschaft als auch an den Bedürfnissen der Heranwachsenden orientieren. Die *größere Selbständigkeit,* wie sie den Oberstufenschülern entspricht, wird verbunden mit *wissenschaftsnahem Arbeitsstil* und überschaubarem Leistungsanspruch" (Hervorhebungen durch die Autoren).

5.1. Vom rezeptiven zum aktiven Lernen

Die vorherrschende Arbeitshaltung der Schüler läßt sich als rezeptives Lernen kennzeichnen.
Unter rezeptivem Lernen verstehen wir ein vorwiegend passives Hinnehmen von Unterricht und Aufnehmen von Lernstoffen. Es äußert sich vielfach in der kritiklosen Übernahme dessen, was der Lehrer vorträgt und in dem mechanischen, weitgehend unbeteiligten Mitschreiben oder Anhören des Unterrichts. Dafür lassen sich innere und äußere Ursachen nennen:

Innere Ursachen

● Mängel in der Arbeitshaltung

— Geistige Bequemlichkeit
— Konsumentenverhalten
— Neigung, notwendige Anstrengungen aufzuschieben
— Hoffnung, den Unterrichtsstoff später nachholen zu können

● Psychische Ursachen

— Motivationsmängel
— Konzentrationsschwierigkeiten
— seelische Belastungen
— Mißerfolgstrauma

● Mangel an Fachkenntnissen

— Unkenntnis der Problematik des Stoffs
— Wissenslücken und Wissensrückstände
— fehlender Überblick und Durchblick
— mangelnde Vorbereitung
— fehlende Übung

Äußere Ursachen

Ebenso zahlreich sind die äußeren Bedingungen, die ein rezeptives Lernen des Schülers begünstigen und ein aktives erschweren. Als Beispiele seien aufgeführt:
— dem Stoff nicht angepaßte Unterrichts- oder Gesprächsformen
— ungünstige Raum- und Sitzverhältnisse
— Größe der Lerngruppe.
Ursachen, die psychischer Natur sind, und Mängel in der Arbeitshaltung lassen sich in den meisten Fällen beheben. Dazu bedarf es der Kenntnis von geeigneten Maßnahmen, die das Lernverhalten bessern.

5.2. Aktives Lernen

Unter aktivem Lernen verstehen wir eine solche Art der Informationsaufnahme und Informationsverarbeitung, die durch ein hohes Maß an innerer und äußerer Selbstbeteiligung den Lernprozeß erleichtert und verbessert. Es besteht in einer zielbewußten Unterrichtsbeteiligung, die durch Zuhören, Mitdenken, Mitreden und Mitschreiben gekennzeichnet ist.

Vorzüge aktiven Lernens:

- **Auseinandersetzung und innere Beteiligung erhöhen die Aufnahmebereitschaft.**

- **Aktives Lernen ermöglicht in erhöhtem Maße die Verknüpfung neuer Lerninhalte mit bereits bekannten Vorstellungen und Erfahrungen. Dadurch wird die Behaltensquote erhöht (vgl. 2.3: Behalten und Vergessen).**

Jeder hat schon die Erfahrung gemacht, daß es leichter fällt, neue Informationen zu behalten, wenn man sie in einen größeren Zusammenhang einordnet oder mit bereits bekannten Vorstellungen verknüpfen kann. So ist es z. B. einfacher, die wirtschaftsgeographischen Daten eines Landes zu behalten, wenn wir diese mit seinen klimatischen, topographischen oder siedlungsgeographischen Beschaffenheiten in Beziehung setzen können. Auch beim Lernen von Vokabeln fällt uns das Behalten solcher Wörter leichter, bei denen wir zu bereits bekannten Vokabeln einer anderen Sprache Analogien herstellen können. So fällt es uns z. B. nicht besonders schwer, das englische Wort „table“ zu behalten, wenn wir es vom lateinischen „tabula“ ableiten können.

- **Aktives Lernen erspart Zeit.**

Der Zwang zur Anwesenheit beim Unterricht läßt schon aus Gründen der Zeitersparnis eine intensive Nutzung des Unterrichtsangebotes sinnvoll erscheinen.
Da die Schüler durch die Schulordnung mehr oder weniger gehalten sind, an den Unterrichtsveranstaltungen teilzunehmen, sollten sie sich gelegentlich fragen, ob eine aktive Teilnahme am Unterrichtsgeschehen nicht dazu beiträgt, die Zeit für die Hausaufgaben zu verkürzen. Die rein körperliche Anwesenheit während der Schulstunde bewirkt noch keinen Lernerfolg.

- **Aktives Lernen verbessert das Lernklima.**

Nicht zu unterschätzen sind auch die Rückwirkungen, die durch das veränderte Lernverhalten des einzelnen Schülers auf die Lerngruppe ausgehen. Es fördert die Beteiligungsbereitschaft anderer Schüler, wirkt zurück auf den Unterrichtenden, der durch das Interesse der Zuhörer selbst motiviert und in seiner Haltung gegenüber den mitarbeitswilligen Schülern positiv beeinflußt wird. Durch aktives Lernen trägt der Schüler so zum Gelingen des Oberstufenunterrichts nicht unwesentlich bei.

5.2.1. Lernen im Vorgriff

Vorbereitung gehört in vielen Fächern zur selbstverständlichen Unterrichtspraxis, die aber von Schülern nicht immer geleistet wird. In vielen Fällen mißt der Schüler der mündlichen Vorbereitung im weitesten Sinne nicht die Bedeutung bei, die ihr für das Lernen zukommt. Der Schulalltag verführt dazu, den schriftlichen Hausarbeiten und dem kurzfristigen wiederholenden Lernen für Tests und Arbeiten eine größere Bedeutung beizumessen.

Während schriftliche Hausaufgaben vielfach den Zweck verfolgen, gelerntes Wissen einzuüben und zu vertiefen, kommt der *langfristigen* mündlichen Vorbereitung die Aufgabe zu, den eigentlichen Lernprozeß vorzubereiten und dadurch zu erleichtern. Die häufig praktizierte, ausschließlich kurzfristige Vorbereitung von einer Unterrichtsstunde zur anderen ist nicht geeignet, die größeren Zusammenhänge und Beziehungen eines Stoffgebietes deutlich werden zu lassen. Dies hängt damit zusammen, daß es oft nicht gelingt, Einzelinformationen in einen größeren Beziehungszusammenhang einzuordnen, der eine Verknüpfung von Detailwissen zu einem Gesamtzusammenhang schafft und so längerfristiges Behalten ermöglicht. Das Behalten wird um so wahrscheinlicher und Details sind um so leichter zu erfassen, je mehr es gelingt, Beziehungen zwischen verwandten Stoffgebieten herzustellen. So werden Ursachen, Abläufe und Wirkungen der Revolutionen des 19. Jahrhunderts leichter verständlich und besser lernbar, wenn man sie in den geistesgeschichtlichen und sozialen Bezugsrahmen der Epoche einordnen kann.

Der Schüler, der versucht, orientierendes Vorwissen zu erwerben, wird bald feststellen, daß in ihm ein größeres Interesse am Stoff und damit auch am Unterricht erwächst. Er fühlt sich stärker motiviert, da zusammenhängender informiert. Es fällt ihm leichter, neue Fakten in den bereits vorhandenen Rahmen einzuordnen.

Neben der langfristigen Vorbereitung behält natürlich auch die *kurzfristige* Vorbereitung, die über die geforderte Hausaufgabe hinausgeht, z. B. mündliche Wiederholung des Stoffes der vorhergehenden Stunde als Mittel zur Festigung des Erlernten, ihren Wert.

Folgende Vorzüge des Lernens im Vorgriff lassen sich nennen: Vorkenntnisse

- **ermöglichen die leichtere Einordnung neuer Informationen in einen vorhandenen Vorstellungsrahmen und die bessere Verknüpfung mit bereits gespeicherten Kenntnissen**
- **ermöglichen gezieltere Fragen im Unterricht, besonders dann, wenn die Vorbereitung auch schon die besonderen Schwierigkeiten des Stoffes aufgedeckt hat**
- **erleichtern die Mitschrift und die Strukturierung der Notizen (vgl. 5.3.: Mitschreiben – aber wie?)**
- **bewirken besseres Behalten und sparen Zeit, weil mit Einsicht und Verständnis gelernt wird und der Unterricht selbst schon eine erste Wiederholung des vorbereiteten Stoffes darstellt.**

☐ *Aufgaben*

1. *Bitten Sie Ihren Kursleiter/Fachlehrer um Literaturhinweise, die Ihnen die Hintergründe und Zusammenhänge eines Stoffgebietes oder eines Kurses zusammenfassend darstellen!*
2. *Stellen Sie aus dem Sachkatalog einer Bibliothek eine Literaturliste zu einem Kursthema oder einer Unterrichtsreihe zusammen und bitten Sie den Kursleiter/Fachlehrer um Durchsicht, Ergänzung und Empfehlung geeigneter Titel.*

5.2.2. Zuhören — Mitdenken — Mitreden — Mitschreiben

Zuhören ist nicht gleich Zuhören. Das Zuhören in der Schule oder das Hören eines Vortrages unterscheiden sich vom Mithören eines unterhaltsamen Stammtischgespräches oder einer Familienunterhaltung in der gleichen Weise wie die Erarbeitung eines Kapitels dieses Buches von dem Konsumieren eines Unterhaltungsromans. Während das eine nur der Entspannung und Unterhaltung dient, ohne daß die dargebotene Information längerfristig gespeichert und reproduzierbar gehalten werden soll, verfolgt das *aktive Mithören* genau diesen Zweck, das Gehörte zu sichern und verfügbar zu machen. Beim passiven Zuhören besteht in der Regel nicht die Absicht, die Informationen längerfristig zu behalten. Demzufolge bemühen wir uns erst gar nicht, Anstrengungen zu unternehmen, die den Prozeß der Speicherung in Gang setzen. Wir müssen uns also bewußt werden, daß die langfristige Speicherung von Kenntnissen aktive geistige Arbeit voraussetzt, die insbesondere darin besteht, daß wir den Unterricht *vorbereiten,* das Gehörte mit bereits Gewußtem *in Beziehung setzen, in Frage stellen* und versuchen, *praktische Anwendung* und *Konsequenzen* aus den Darlegungen zu ziehen. Nur dann wird es uns gelingen, einen aktiven Lernprozeß einzuleiten.

Aus einem so beschriebenen Verhalten ergeben sich verschiedene Vorteile, die insbesondere darin bestehen, daß man unnötige Nacharbeiten vermeidet und dadurch Zeit spart. Prüfen Sie selbst einmal, wie lange Sie in einer Unterrichtsstunde im oben geschilderten Sinne bei der Sache sind und wägen Sie die Nachteile ab, die sich daraus ergeben, wenn Sie nicht bei der Sache sind: Vielleicht hilft Ihnen der Gedanke und motiviert Sie zum aktiven Zuhören, daß Sie als Schüler ja verpflichtet sind, an den von Ihnen belegten Kursen teilzunehmen. Als späterer Student haben Sie die Möglichkeit, Vorlesungen, die Ihren Erwartungen nicht entsprechen, zu verlassen. Das kann unter Umständen sogar sinnvoll sein, wenn der geforderte Prüfungsstoff besser aus Fachbüchern erarbeitet werden kann. Als Schüler steht Ihnen diese Möglichkeit nicht ohne weiteres offen. Im übrigen ist es nicht so, daß ein scheinbar schlechter Unterrichts- oder Vortragsstil auch inhaltlich unbefriedigend sein muß. Nicht die Form, sondern der Inhalt bestimmt wesentlich den Wert.

Mit folgenden Überlegungen versuchen wir Ihnen Hilfen zu geben, damit Sie sich auf unterschiedliche Arten der Unterrichtsführung und des Vortragsstils erfolgreich einstellen können.

Wir wollen Ihnen beispielhaft drei typisierte Unterrichtssituationen vorstellen, wie sie im Schulalltag in jedem Fach in mehr oder weniger großer Annäherung vorkommen können und Ihnen als Zuhörer Hinweise für die Mitarbeit in solchem Unterricht geben.

Unterrichtstyp A

Die Erfahrung zeigt, daß ein als angemessen empfundener Unterricht aus der Sicht des Zuhörers u. a. folgende Elemente aufweist: Das Anspruchsniveau entspricht der Aufnahme- und Denkfähigkeit der überwiegenden Zahl der Zuhörer; die einzelnen Unterrichtsschritte bauen begründet und folgerichtig aufeinander auf; der Unterrichtende strukturiert die Stunde und veranschaulicht den Stoff, z. B. durch Angaben zum Aufbau des Unterrichtes, Tafelanschriften, Projektionen und Graphiken. Er versucht die Zuhörer am Unterricht zu beteiligen und ermöglicht den Schülern die Sicherung der Unterrichtsergebnisse.

Ein so oder ähnlich aufgebauter Unterricht bietet für die aktive Mitarbeit die besten Voraussetzungen, weil er selbst schon auf Zuhören, Mitdenken und Mitreden angelegt ist und auch das Mitschreiben erleichtert. Da aus verschiedenen Gründen solch ideale Stunden nicht den Regelfall bilden, müssen Sie sich auf abweichende — für Zuhörer meist ungünstigere — Unterrichtssituationen einstellen können.

Unterrichtstyp B

Unter diesem Unterrichtstyp sei ein überfordernder Unterricht verstanden. Das Anspruchsniveau wird von der Mehrzahl der Schüler als zu hoch empfunden, das Sprechtempo ist zu schnell, die Begrifflichkeit zu abstrakt oder unbekannt; der Lehrer bietet zu wenig Anschauung, gibt wenige oder keine Strukturierungshilfen, oder der rote Faden zeichnet sich nicht deutlich ab. Im Unterschied zu einer Universitätsvorlesung oder einem Vortrag haben Sie in der Schule zusätzliche Möglichkeiten der Abhilfe:

- **Zwischenfragen stellen**
- **zusätzliche Erläuterungen erfragen**
- **um Verlangsamung des Sprechtempos bitten**
- **um Begriffserläuterungen nachsuchen**
- **konkrete Beispiele erfragen**
- **Unverstandenes in der Niederschrift als solches kennzeichnen**
- **den Lehrer in der nächsten Stunde um eine kurze Wiederholung bitten**
- **offene Fragen mit Mitschülern abklären oder diskutieren**
- **einschlägige Literatur, Fachbücher oder Lexika heranziehen**
- **intensivere Stundenvorbereitung (vgl. 5.2.1. Lernen im Vorgriff).**

Besonders wichtig ist jedoch, unverstandene oder nicht aufgenommene Unterrichtsergebnisse in den Mitschriften deutlich anzumerken und die Informationslücken nachträglich aufzufüllen. Nur so ist sichergestellt, daß auch ein solcher Unterricht dem eigenen Lernfortschritt dient.

Unterrichtstyp C

Bei dem Unterrichtstyp C, der die Schüler unterfordert, besteht die Gefahr des „Abschaltens“ in verstärkter Form. Ein solcher Unterricht läßt sich folgendermaßen charakterisieren: Der umständlich formulierende, sich in Abschweifungen und Einzelheiten verlierende Lehrer liefert dem Schüler wenig Information, unpräzise Begrifflichkeit und ungenaue Definitionen. Der Unterricht wird von der Mehrzahl der Schüler als zu wenig anspruchsvoll empfunden: Der Stoff wird nicht ausreichend strukturiert dargeboten, Unterrichtsschritte und Unterrichtsziele sind nicht deutlich erkennbar. Auch hier gibt es Hilfen, den persönlichen Lernerfolg den Umständen entsprechend zu sichern, indem man:

- **vorauszudenken versucht**
- **Gegenargumente sammelt**
- **Fragen vorbereitet**
- **den Stoff in bekannte Zusammenhänge zu integrieren versucht**
- **mitschreiben übt und um möglichst präzise und sinnvolle Anlage der Mitschrift bemüht ist (vgl. 5.3. Mitschreiben — aber wie?).**

Ein so geartetes aktives Zuhören bewahrt den Schüler davor, selbst vom Thema abzuschweifen und damit der Gefahr zu unterliegen, überhaupt den Faden zu verlieren oder die vorhandenen neuen und wesentlichen Gesichtspunkte der Unterrichtsstunde zu überhören. Gerade eine solche Stunde bietet Gelegenheit, sich im Abfassen klarer und übersichtlicher Mitschriften zu üben.

Aus Ihrer Schulerfahrung werden sie wissen, daß Unterricht nicht nach den Situationen A, B, C idealtypisch verläuft, sondern sich im Regelfall zwischen diesen Unterrichtstypen bewegt, und je nach Fach und Lehrer werden Sie Elemente der oben dargestellten Unterrichtssituationen wiedererkennen. Für Sie heißt es, aus der jeweiligen Situation den größten Nutzen zu ziehen, indem Sie versuchen, die aufgeführten Regeln und Hilfen anzuwenden.

Sie sehen also, daß das Mithören kein passives Verhalten, sondern ein wichtiger und auch schöpferischer Akt im Lernprozeß ist, der Energie und aktive geistige Anteilnahme erfordert.

Zum Schluß geben wir Ihnen eine Technik an die Hand, die Ihnen ganz allgemein das Zuhören in der Schule und im außerschulischen Raum (Vorlesungen, Vorträge) erleichtern soll. Wir nennen diese Technik die „TQ 3 L-Methode“.

„TQ 3 L — Methode"

Tune-in — einstimmen

Nehmen Sie sich vor, zuhören zu wollen!
Das erfordert Konzentration, Energie und innere Bereitschaft.

Question — fragen
Nichts erhöht das Interesse mehr als eine neugierige Fragehaltung.

Look at the speaker — Schauen Sie den Vortragenden an!
— Sein Ausdruck und sein Gebaren enthalten zusätzliche Hinweise auf das, was er für wichtig und wesentlich hält.

Listen — richtig hinhören
— Versuchen Sie, Wichtiges von Nebensächlichem zu unterscheiden!
— Achten Sie auf die Art des Vortrages: Betonung und Gesten, Wiederholungen und Hervorhebungen!
— Profitieren Sie von Hinweiswörtern: z. B. „Von besonderer Wichtigkeit ist", „Wie Sie sich erinnern", „Hervorzuheben ist", „Erstens, zweitens, drittens" usw.!
— Achten Sie auf Tafelanschriften!
— Achten Sie auf Literaturhinweise!
— Notieren Sie unbekannte Wörter und Gedanken, besonders solche, die Ihrer eigenen Auffassung widersprechen, denn
außergewöhnliche Gedanken sind auf Anhieb schwer zu verstehen und erfordern besondere Aufmerksamkeit.
Sie erinnern sich leicht solcher Gedanken, die Ihrer eigenen Vorstellung entsprechen, vergessen aber solche, die ihr widersprechen.

Look over: Überschauen Sie von Zeit zu Zeit Ihr Material und vergewissern Sie sich, ob der „rote Faden" und der gedankliche Zusammenhang noch sichtbar sind!

5.3. Mitschreiben — aber wie?

In diesem Kapitel wollen wir uns darüber verständigen, welchen Sinn Mitschriften im Unterricht haben und welche Techniken man dabei vorteilhaft anwenden kann.

- **Unterrichtsnotizen entlasten das Gedächtnis und ermöglichen jederzeit die Wiederholung des Stoffes.**
- **Sie leiten dazu an, sich am Unterricht aktiv zu beteiligen.**
- **Sie binden die Aufmerksamkeit und bilden dadurch eine Voraussetzung zum leichteren und längeren Behalten des Stoffes.**
- **Mitschriften helfen, Struktur und Aufbau eines Stoffgebietes besser zu erfassen.**
- **Mitschriften sind Grundlagen für Prüfungsvorbereitungen.**

Häufig erfüllen die Mitschriften nicht die Anforderungen, die an die Qualität von Notizen zu stellen sind und mindern dadurch deren Wert. Welches aber sind die am häufigsten auftretenden Mängel?

Gebundene Hefte
Oberstufenschüler übernehmen oft gewohnheitsmäßig die ihnen aus der Unter- und Mittelstufe vertrauten fest gebundebundenen Hefte für ihre Notizen. Solche Hefte sind aus Ordnungsgründen für die Sekundarstufe I sinnvoll. Sie erweisen sich aber als unzweckmäßig für die Oberstufenarbeit, weil gebundene Hefte verhindern, daß später notwendige Ergänzungen sinnvoll und übersichtlich eingefügt werden können:
Besonders nachteilig wirkt sich das Heft aus, wenn Sie versäumte Stunden in die Unterrichtsfolge einarbeiten wollen. Sollten Sie einmal das Heft vergessen, müssen die Notizen der Stunde nachgetragen werden — ein Zeitaufwand, der vermeidbar ist.

Ungeeignete Papierformate
Auf der Rückseite eines Fahrscheines lassen sich kaum zusammenhängende Notizen sammeln!

Unübersichtliche und ungegliederte Notizen
Von oben bis unten und vom linken bis zum rechten Rand vollgeschriebene Notizblätter.
Unstrukturierte Notizen, die den formalen Aufbau einer Unterrichtsstunde oder einer Unterrichtseinheit nicht erkennen lassen.

Perfektionismus
Der meist vergebliche und überflüssige Versuch, alles wörtlich mitschreiben zu wollen.

Keine oder unzureichende Notizen
Aus diesen Fehlern, die Schüler häufig in ihre Mitschriften einfließen lassen, ergeben sich zum Teil schon die Formen der Mitschrift, die sich als geeignet und im Sinne eines aktiven Lernens als zweckmäßig erweisen haben.

□ *Aufgabe*

1. *Prüfen Sie die Mitschriften verschiedener Fächer/Kurse, ob sie sich als Arbeitsunterlagen für Wiederholungen, als Lernstoff oder zu einer Prüfungsvorbereitung eignen! Versuchen Sie stichwortartig die Vorzüge und Mängel zu formulieren!*
2. *Bevor Sie das nächste Kapitel lesen, überlegen und halten Sie stichwortartig fest, welche Verbesserungen Sie bei Ihren Mitschriften für angebracht halten! Vergleichen Sie dann anhand des nächsten Abschnittes Ihre Überlegungen mit den folgenden Vorschlägen!*

5.3.1. Form der Mitschrift

Benutzen Sie lose Blätter, die unmittelbar nach der Stunde den einzelnen Fachgebieten in einem Ringbuch oder einem Ordner beigeheftet werden!

Der Vorteil dieses Verfahrens liegt darin, daß nur ein oder zwei Ringbücher bzw. Ordner ständig bei den Kursen oder Unterrichtsveranstaltungen mitgeführt werden müssen. (Erinnern Sie sich, wie häufig Sie schon für den Unterricht notwendige Hefte zu Hause haben liegen lassen?)

Lose Blätter eignen sich für die Anfertigung von Ergänzungen, die der Lehrer/Kursleiter zu Beginn der nächsten Stunde als Zusammenfassung des besprochenen Stoffes gibt (Korrekturen, Änderungen, Streichungen etc.; s. w. u. Formblatt).

Es ist zweckmäßig, ein gewähltes Papierformat ständig beizubehalten. Besonders empfiehlt sich das Papierformat DIN A 4, da viele Ordnungssysteme (Schnellhefter, Ringbücher, Ordner, Handregistraturen, Ablagen usw.) und Vervielfältigungsgeräte (Photokopierautomaten und Vervielfältiger) auf diese Papiergröße eingestellt sind.

Generell sollen die Blätter *nur einseitig beschriftet* werden, weil so Notizen leichter wieder auffindbar sind, die Rückseite für Änderungen und Neufassungen zur Verfügung steht, ohne daß sich die fortlaufende Numerierung ändert. Hier durch beidseitige Beschriftung eines Blattes Papier sparen zu wollen, heißt an der falschen Stelle sparen.

Ein Lose-Blatt-System vermeidet zusätzliche Arbeit, da lose Blätter jederzeit an die richtige Stelle des Ordners beigefügt werden können.

Zum Ordnungssystem der losen Blätter gehört eine *fortlaufende Numerierung* der Blätter jedes Fachgebietes, zur richtigen Zuordnung des Blattes die Angabe des Faches oder des Kurses/Stoffgebietes und das Datum der Unterrichtsstunde: z. B. Mathematik — Analysis I — 6. 10. 1976.

Die Ordnungsmittel für die Lose-Blatt-Mitschrift sind:

- **Ordner,**
- **Ringbücher,**
- **Schnellhefter.**

Ordner und Ringbuch eignen sich dazu, die Mitschriften verschiedener Fächer und Kurse mit Hilfe von Registratureinlagen übersichtlich zu ordnen. Sie erlauben es, Umdrucke, Illustrationen, Textauszüge, Arbeitspapiere, Zeitungsausschnitte an der jeweils geeigneten Stelle abzuheften. Aus einem Ordner kann man jederzeit Informationen, die einen bestimmten Umfang erreicht haben, ausgliedern und in einen Schnellhefter ablegen, um nur jeweils neuere Notizblätter bei sich führen zu müssen.

Der Schnellhefter ist ein Subordnungssystem des Ordners oder des Ringbuches. In ihm werden fortlaufend die Blätter der einzelnen Fachgebiete abgeheftet, welche die eigentliche Unterlage für zusammenfassende Wiederholungen und Prüfungsvorbereitungen darstellen.

Die als unvorteilhaft bezeichnete Form der Mitschrift, enge Beschriftung des Blattes von Rand zu Rand und von oben bis unten, kann verbessert werden, wenn man die Notizblätter gedanklich oder tatsächlich in 4 Rechtecke einteilt (siehe Abbildung).

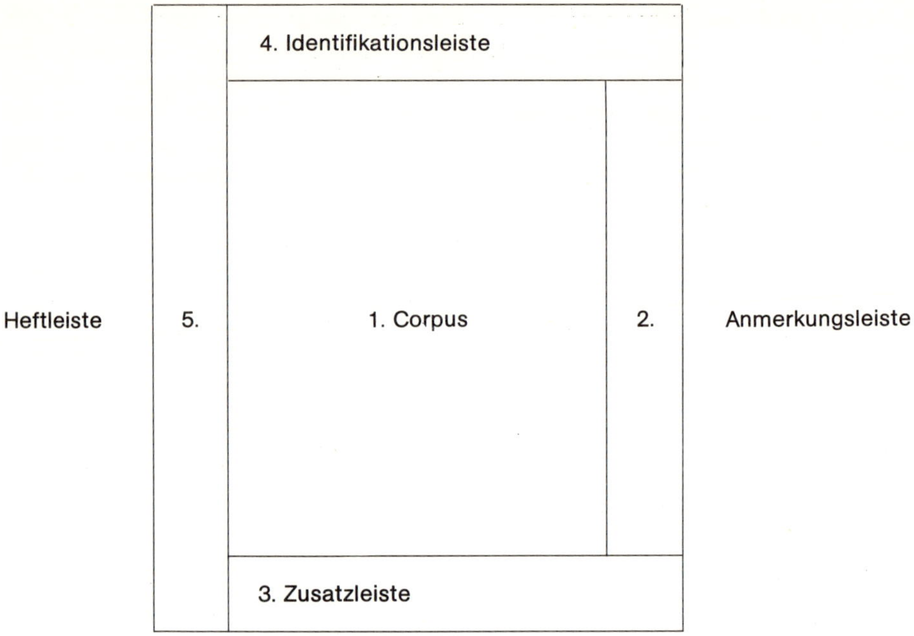

Corpus (1): Der Corpus bildet das Kernstück des Blattes und dient der Aufnahme der eigentlichen Stundenmitschrift. Er enthält die Notizen der Stunde: Tafelanschriften, Gesprächsergebnisse, Diktate, Definitionen, Schlagwörter, Gliederungen, Begriffe.

Anmerkungsleiste (2): Sie dient der Aufnahme von Anmerkungen und Lernhilfen: Korrekturen, Zusammenfassungen, Lernmaterial, Schlüsselbegriffe, die der schnellen Wiederholung, dem raschen Wiederauffinden der Notizen und dem leichteren Lernen dienen. Das Ausfüllen dieser Spalte geschieht vorwiegend bei der Überarbeitung und Rekapitulation des Stoffes. Auf ihr sollen aber auch während der Aufnahme der Hauptnotizen bereits Abkürzungen und besondere Kennzeichnungen, wie Fragen, Zusammenfassungen, Unklarheiten oder Kerngedanken, eingetragen werden (siehe Formblatt Nr. 6).

Zusatzleiste (3): Die Zusatzleiste nimmt eigene Gedanken, Querverweise und Ergänzungen auf, die sich z. B. bei zusätzlicher Lektüre ergeben. Ebenfalls sollten hier Querverweise zu anderen Fachgebieten, anderen Fächern und früher behandelten Stoffen festgehalten werden.

Identifikationsleiste (4): Auf ihr werden die Seitenzahl, die fortlaufende Numerierung, das Fach, der Kurs, Stichwort und Datum der Unterrichtsveranstaltung eingetragen. Sie dient der sachlogischen Einordnung und der späteren Identifizierung der Mitschrift.

Heftleiste (5) (ca. 2—3 cm): Sie ermöglicht die Lochung und Abheftung der Notizblätter [10].

---

[10] Wenn Sie das hier vorgeschlagene System übernehmen, können Sie auf Ihrem Schulumdrucker billig eine beliebige Menge so gestalteter Konzeptblätter herstellen.

Zusammenfassung: Äußere Form der Mitschrift

- **Benutzen Sie ausschließlich lose Blätter!**
- **Verwenden Sie immer ein einheitliches Papierformat, in der Regel DIN A 4!**
- **Beschriften Sie Blätter nur einseitig!**
- **Identifizieren Sie die Blätter durch Markierung des Kurses, des Fachgebietes/Stoffes, des Datums und der Seitenzahl (Identifikationsleiste)!**
- **Ordnen Sie die Blätter unverzüglich nach der Aufnahme der Notizen dem zugehörigen Fachgebiet zu!**
- **Verwenden Sie als Ordnungsmittel für Ihre Lose-Blatt-Notizen Ordner, Ringbücher und Schnellhefter!**
- **Erleichtern Sie sich die Mitschrift durch Verwendung eines Formblattes (siehe Seite 66).**

5.3.2. Ratschläge und Regeln zum Mitschreiben

(In Unterricht, Vorlesung, Vortrag)

Die Technik des Mitschreibens und Notierens ist eine wirksame Hilfe, Lern- und Arbeitsgewohnheiten zu verbessern und sich wichtiger Informationen zu erinnern. Schüler leben oft in der falschen Vorstellung, es genüge, alles richtig verstanden zu haben, um es auch behalten zu können. Das ist ein verhängnisvoller Irrtum. Zwar ist das Verständnis der erste notwendige Schritt zum Behalten, aber allein nicht ausreichend. Man muß das Gehörte auch schriftlich fixieren.

Wenn Sie Notizen machen, entwickeln Sie allmählich die Fertigkeit, wichtige Informationen von unwichtigen zu unterscheiden. Das große Geheimnis, eine solche Fertigkeit zu entwickeln, ist Übung.

Damit Sie Ihre Mitschreibtechnik verbessern und auch den Fortschritt kontrollieren können, geben wir Ihnen im Folgenden Ratschläge und Regeln zur Mitschreibetechnik.

Fünf Überlegungen bestätigen den Wert der Mitschrift:

- **Sie bildet eine geschriebene Unterlage für die Wiederholung**
- **Sie umschreibt bestimmte, fest umgrenzte Lernaufgaben**
- **Sie zwingt den Zuhörer zur Aufmerksamkeit**
- **Sie verlangt aktives Mittun des Zuhörers**
- **Der Zuhörer muß das Gehörte zusammenfassen und in eigene Worte kleiden. Dabei wird er gezwungen, sein Verständnis zu überprüfen.**

Bevor Sie mitschreiben, prüfen Sie, ob und wieviel mitgeschrieben werden muß. Sind Notizen dieser Stunde notwendig?
Auch eine gute und die Mitarbeit herausfordernde Stunde erfordert Notizen. Eine Sache nur einmal hören, reicht nicht aus. Behalten erfordert Wiederholung und Reflexion.

Während Sie mitschreiben, streben Sie keine wörtlichen Stenogramme an! Zu wortwörtlichen Mitschriften sind Sie nicht fähig und außerdem sind diese überflüssig.

— Halten Sie nur die wichtigsten Gedanken fest!
— Nicht alle Details und Beispiele müssen notiert werden.
— Formulieren Sie grundsätzlich mit eigenen Worten, aber achten Sie darauf, daß Sie den Sinn der Gedanken nicht verfälschen!
— Setzen Sie das Gehörte in Beziehung zu bereits Bekanntem, aber halten Sie sich offen für neue Erkenntnisse und andere Meinungen!
— Gewöhnen Sie sich an eine bestimmte Technik, wichtige Aussagen zu unterstreichen oder hervorzuheben!
— Notieren Sie Aufbau und Gliederung der Stunde/des Vortrags/der Vorlesung, denn die Gliederung erleichtert Lernen und Behalten und bildet ein Gerüst, dessen Lücken später ausgefüllt werden können.
— Hören Sie genau zu!
— Achten Sie auf einschränkende oder relativierende Ausdrücke wie „manchmal“, „selten“, „häufig“ . . .!
— Beachten Sie die Ausdrücke, die Erweiterungen oder Gegensätze signalisieren: „z. B.“, „aber“, „jedoch“, „auf der anderen Seite“, „dennoch“, „dagegen“ . . .

Seien Sie ein aktiver, nicht ein passiver Zuhörer!

— Stellen Sie Fragen und diskutieren Sie sie, wenn sich die Möglichkeit dazu bietet;
— wenn nicht, notieren Sie die Fragen in Ihren Unterlagen!
— Suchen Sie Meinungen von Tatsachen zu unterscheiden! Fragen Sie nach den unausgesprochenen Voraussetzungen, Intentionen und Interessen!
— Suchen Sie aus dem Dargebotenen Beziehungen zu anderen Schulfächern und zum Leben außerhalb der Schule herzustellen!
— Üben Sie sich darin, gleichzeitig zuzuhören und mitzuschreiben. Das ist durch ständige Übung erlernbar.

Entwickeln Sie ein anwendbares System von Mitschreibtechniken!

— Beschränken Sie sich auf Einzelwörter, schlagwortartige Ausdrücke und Kurzsätze! Vermeiden Sie die Mitschrift ganzer Sätze!

Entwickeln Sie ein individuelles System von abkürzenden Schreibweisen und üben Sie sich in dessen Anwendung!

— Lassen Sie alle Wörter fort, die beim Durchlesen ohne weiteres rekonstruiert werden können!
— Verwenden Sie Verkürzungen (z. B. Mathe., Uni., Reli.) und eingeführte Abkürzungen (usw., s. o. . . .). Verwenden Sie Symbole: †, =, §, ♀, °×

Nachdem Sie mitgeschrieben haben, planen Sie Zeit zur Aufarbeitung der Notizen ein, denn Notizen sind Ihr schriftliches Gedächtnis!

— Durchschau und Aufarbeitung der Notizen sollen **so früh wie möglich** nach der Unterrichtsstunde/Vortrag/Vorlesung erfolgen (vgl. Kap. 2.2. Vergessen und Behalten). Dies ermöglicht Korrektur und Ergänzung noch unter dem Eindruck des Unterrichts.
— Ergänzen Sie unvollständige oder zu knapp ausgefallene Teile! Mechanisches Abschreiben oder Abtippen allein ist sinnlos.
— Vergleichen Sie Ihre Unterlagen mit denen eines anderen Kursteilnehmers!
— Suchen Sie Antworten auf noch offene Fragen!
— Fassen Sie die Kerngedanken der Stunde/der Vorlesung/des Vortrags kurz zusammen!
— Formulieren Sie zur Wiederholung und zur Selbstkontrolle aus der Stundenniederschrift verschiedene Testfragen (nichts anderes tut der Lehrer, wenn er Tests zusammenstellt)!

Ihre Mitschriften sind Ihr Lerngerüst. Deshalb wiederholen Sie in bestimmten Zeitintervallen!

— Regelmäßige Wiederholung ist wesentlich lernwirksamer als ein punktueller Kraftakt vor der Prüfung.
— 50 % des Gehörten vergißt man sofort, zwei Monate später weitere 25 %. Aber das Wiederauffrischen der Kenntnisse beansprucht weniger Zeit, wenn die Wiederholung möglichst unmittelbar geschieht.

Vergleichen Sie den Inhalt Ihrer Aufzeichnungen mit Ihren eigenen Erfahrungen!

— Verschlingen Sie nicht alles unkritisch!
— Aber verwerfen Sie nicht alles, was Ihnen fremd oder unrichtig erscheint!
Seien Sie willens, Vorstellungen und Meinungen, die zu Ihren Gedanken in Widerspruch stehen, eine Zeitlang im Gedächtnis zu behalten!
— Verbessern Sie Ihre Mitschreibtechnik, indem Sie Ihre Notizen mit denen von Mitschülern vergleichen:
Welche Techniken sind besser als die eigenen?
Welche Vorzüge haben Ihre eigenen Notizen?

☐ *Aufgabe*

Versuchen Sie Fernsehnachrichten unter Anwendung der obigen Regeln zu notieren und vergleichen Sie Ihr Ergebnis mit dem Ihrer Mitschüler! Überlegen Sie gemeinsam Verbesserungsmöglichkeiten Ihrer Mitschreibetechnik!

Formblatt 5

Kurs: ... Stichwort: ... Datum: ...

– Notizen der Stunde – Tafelanschriften – Gesprächsergebnisse – Diktate usw.	– Seitenangaben zu Lehrbüchern und Lektüretexte (interpretierte Stellen) – Fragen – Korrekturen – Schlagwörter – Schlüsselbegriffe – Zusammenfassungen – Lernmaterial – Abkürzungen (?) : unklar ! : wichtig F : Frage notwendig Zus. : Zusammenfassung W : Wichtiger Lernstoff
– eigene Gedanken – Querverweise – Ergänzungen aus der Privatlektüre	

5.3.3. Abkürzungen

Abkürzungen erleichtern die Mitschrift und bringen Zeitersparnis. In vielen Fällen benutzen Sie zweckmäßigerweise die allgemein üblichen Abkürzungen, z. B. USA, EG, UNO, AEG usw.; in Ergänzung dazu können Sie sich ein eigenes System von Abkürzungen häufig vorkommender Wörter und Begriffe aneignen. Nachfolgend einige Abkürzungsregeln:

□ *Aufgaben*

1. *Stellen Sie allgemein eingeführte fachspezifische Abkürzungen zusammen und tauschen Sie die Ergebnisse mit Ihren Klassenkameraden aus!*
2. *Prüfen Sie, welche Fachbegriffe in den verschiedenen Kursen häufig vorkommen und überlegen Sie sich unverwechselbare Abkürzungen!*

Greifen Sie nach Möglichkeit auf die allgemein üblichen Abkürzungen zurück!

Im allgemeinen werden einsilbige Wörter ausgeschrieben: Buch, Hand, Griff!

Lassen Sie überflüssige Buchstaben — häufig Vokale — weg: Hauptmann — Hptm.; Leitung — Ltg.; Rechnung — Rechg.!

Trennen Sie das abgekürzte Bestimmungswort durch einen Bindestrich vom Grundwort ab: E-Werk — Elektrizitätswerk; M-Schlosser — Maschinenschlosser; U-Bahn — Untergrundbahn!

Wenn es keine „offizielle" Abkürzung gibt, genügt oft die erste Silbe, um das Wort zu identifizieren: Gymnasium — Gym.; Technik — Tech.!

Benutzen Sie zusätzliche Buchstaben oder Silben, wenn die erste Silbe nicht ausreicht, das Wort zu identifizieren: Bibliothek — Bibl.; verschiedene — versch.!

Wenn das Wort durch die Abkürzung seine Eindeutigkeit verliert, ist es auszuschreiben.

Fügen Sie ein „s" an die Abkürzung, um den Plural auszudrücken: A.G. — Arbeitsgemeinschaft/Aktiengesellschaft; A.G.s. — Arbeitsgemeinschaften/Aktiengesellschaften!

Ergänzen Sie nicht eindeutige Abkürzungen bei der Überarbeitung der Stundenmitschrift!

Benutzen Sie Zeichen und Symbole, die Ihnen bei der Aufarbeitung der Mitschrift nützlich sind:
?: Klärung notwendig
!: wichtig
II oder Z: Zusammenfassung
(vgl. 5.3.1. Äußere Form der Mitschrift)!

Abkürzungen sind dann gut, wenn sie
— keine überflüssigen Buchstaben enthalten,
— sofort identifizierbar sind,
— nach einer festen Regel gebildet werden.

5.4. Verlaufsprotokolle – Ergebnisprotokolle – Versuchsprotokolle

Das Protokoll ist die in der reformierten Oberstufe, in Studium und Berufsleben am häufigsten vorkommende Berichtsform.

Es hat die Aufgabe

- **Verlauf,**
- **Inhalt und**
- **Ergebnisse**

von Unterrichtsstunden, schulischen Veranstaltungen, Seminaren, Konferenzen usw. verbindlich festzuhalten.
Im Unterricht der Schule und im Seminar der Hochschule dient das Protokoll in erster Linie dazu, Gelerntes und Erarbeitetes zu sichern und für die Weiterarbeit in der darauffolgenden Stunde oder zur Prüfungsvorbereitung verfügbar zu halten. Aus den Aufzeichnungen eines Stundenprotokolls muß der Verlauf der Stunde so klar hervorgehen, daß ihm ein fehlender Kursteilnehmer alles Wesentliche über den besprochenen Gegenstand entnehmen kann. Wichtiger als die Wiedergabe vieler Details ist es, den inneren Zusammenhang der besprochenen Einzelheiten deutlich zu machen.

Im außerschulischen Bereich hat das Protokoll in der Regel einen dokumentarischen Charakter. Bei Meinungsverschiedenheiten über Gesprächs- oder Verhandlungsergebnisse, Abstimmungen und Beschlüssen hat es Beweiskraft, wenn es genehmigt und mit den Unterschriften des Protokollführers und des Vorsitzenden versehen ist. Da deshalb vom Protokollanten eine besondere Aufmerksamkeit und Sorgfalt erwartet wird, muß die Technik der Protokollführung in der Oberstufe ständig geübt werden.

Man unterscheidet zwischen

- **Verhandlungs- oder Verlaufsprotokollen und**
- **Ergebnis- oder Beschlußprotokollen.**

Eine Sonderform ist das naturwissenschaftliche

- **Versuchsprotokoll.**

Das Verhandlungs- oder Verlaufsprotokoll
soll Verlauf und Ergebnisse einer schulischen bzw. außerschulischen Veranstaltung festhalten. Neben den *Formalien* (Beginn, Ende, Anwesende, vgl. Formblatt 6 und 7) muß das Protokoll die folgenden *Inhalte* umfassen:

Unterrichtsprotokoll	*Sitzungsprotokoll*
Gesprächs- bzw. Unterrichtsthemen Verlauf des Gesprächs Themen, Medien (Texte, Arbeitsblätter, graphische Darstellung), Tafelanschriften, Referate, Gesprächsbeiträge, Literaturhinweise, Quellennachweise	Tagesordnungspunkte Inhalt der Gesprächsbeiträge Wichtige Standpunkte, Thesen, Argumente

Zwischenergebnisse Ergebnisse Zusammenfassungen Unterschrift des Protokollführers und Sitzungsleiters

Beispiel: Verlaufsprotokoll

Protokoll der Deutschstunde vom 5. April 19..

Anwesend: Herr Dr. Müller und alle Schüler außer Helmers (krank) und Heßberger (beurlaubt).
Berichterstatter: Klaus Dölling.

1. Verlesung des Protokolls der letzten Stunde durch Jürgen Großmann. Da es die erste Niederschrift ist, die in unserer Klasse angefertigt wurde, wollen wir die heutige Stunde dazu benutzen, uns an diesem Beispiel Wesen und Form des Unterrichtsprotokolls klarzumachen.

2. Das Unterrichtsprotokoll:
   a) Großmann wechselt in seinem Protokoll zwischen Stichworten und zusammenhängender Darstellung ab. Über die Frage, was vorzuziehen sei, kommen wir zu folgendem Ergebnis: Das Protokoll muß so klar abgefaßt sein, daß auch derjenige, der nicht anwesend war, ein klares Bild von der Stunde erhält. Das ist nur möglich bei zusammenhängender Darstellung. Stichwörter dürfen nur ausnahmsweise in solchen Fällen angewendet werden, wo ein Mißverständnis ausgeschlossen ist.
   b) Systematische Ordnung oder zeitlicher Ablauf?
   Die einen, besonders Schulz, ziehen eine systematisch geordnete Inhaltsangabe vor und begründen das damit, daß es hauptsächlich auf den Stoff ankomme, den man später für Wiederholungen wieder nachlesen könne. Die anderen, besonders Kästner, weisen auf die Protokolle bei politischen Verhandlungen hin und fordern, daß auch der Verlauf der Stunde und die Meinung der Gesprächsteilnehmer aus der Niederschrift ersichtlich sein müßten. Herr Dr. Müller macht uns darauf aufmerksam, daß nicht alle Stunden gleich sind. Wir einigen uns dahin, daß beide Formen des Protokolls ihre Berechtigung haben, die erste, wenn es mehr auf den Stoff, die zweite, wenn es auf den Verlauf eines Gesprächs ankommt. Auf jeden Fall aber müssen die Ergebnisse des Unterrichts aus der Niederschrift deutlich werden.
   c) Die Rolle des Protokollführers
   Dierolf wirft die Frage auf, ob der Protokollführer in der Niederschrift auch seine eigene Meinung aussprechen dürfe, wie Großmann es an einer Stelle getan hat. Er selber lehne das ab, bei Gericht dürfe das auch nicht sein. Herr Dr. Müller weist uns in dem folgenden Gespräch darauf hin, daß zwischen einem Stenographen und dem Protokollführer einer Klasse ein wesentlicher Unterschied besteht. Ergebnis des Gesprächs: Unsere Protokollführer sind gleichberechtigte Diskussionsteilnehmer; deshalb ist es gestattet, die eigene Meinung zu vermerken. Sie muß aber deutlich als solche kenntlich sein.
   d) Die Darstellungsform
   In der Darstellungsform hat das Protokoll Ähnlichkeit mit der Inhaltsangabe, die sich auch auf das Wesentliche beschränken muß. Beide sind Berichte; die sprachliche Darstellung muß deshalb sachlich, knapp und klar sein.

Klaus Dölling [11]

[11] Entnommen aus: Thiel, Hans: Unsere Muttersprache. Arbeitshefte für den Deutschunterricht, Heft 6, Frankfurt-Berlin-Bonn-München (Diesterweg), 6. Aufl. 1968, S. 17/18.

Formblatt 6 – Unterrichtsprotokoll

Staatliches Gymnasium ....

Fach: ....
Schuljahr 19........... – .... Halbjahr

Kurs: .... Thema ....

Protokoll der Stunde vom .... 19..............

Thema der Stunde:

1. gelesene Texte / Referat / Bild / anderes Medium
   (Autor, Titel des Mediums, Quelle)

2. Interpretationsergebnisse / Inhalt des Referates / des Vortrags
   (Kurzfassung / Zwischenergebnisse)

3. Zusammengefaßte Diskussionsergebnisse

4. Tafelanschriften

5. Literaturhinweise

6. Zusammenfassung / Ergebnisse

Der Protokollführer

Unterschrift

Formblatt 7 – Sitzungsprotokoll

Protokoll

über die Sitzung des .... **am** ....

Ort:

Anwesende:

Beginn der Sitzung:

Tagesordnung: TOP 1 :
TOP 2:
TOP 3:
usw.

Zu TOP 1:

____

____

____

Ergebnis:

Zu TOP 2:

____

____

____

Ergebnis:
usw.

Ende der Sitzung:

Der Protokollführer: Der Vorsitzende:

Das Verlaufsprotokoll ist nicht mit einem Verhandlungsstenogramm zu verwechseln. Der Protokollführer muß Gesprächsbeiträge auf das Wesentliche reduzieren, ohne sie inhaltlich zu verfälschen. Legt aber ein Gesprächsteilnehmer ausdrücklichen Wert darauf, daß sein Beitrag in das Protokoll aufgenommen wird (Geschäftsverhandlungen), so ist diesem Wunsche nachzukommen.

Das Ergebnis- oder Beschlußprotokoll
ist die Kurzform des Verhandlungs- oder Verlaufsprotokolls. Neben den Formalien enthält es in konzentrierter Form die Ergebnisse des Unterrichts oder einer Sitzung.

□ *Aufgabe*

Fassen Sie das oben abgedruckte Verlaufsprotokoll zu einem Ergebnisprotokoll zusammen!

Das naturwissenschaftliche Versuchsprotokoll
bildet eine Sonderform des Verlaufsprotokolls. Bei ihm ist besonders auf eine knappe und fachlich präzise Ausdrucksweise Wert zu legen. Von Protokollen in geisteswissenschaftlichen Fächern unterscheidet sich das naturwissenschaftliche Protokoll häufig in Form und Inhalt.

Charakteristische *formale* Kennzeichen sind:
Skizzen
statistische Tabellen
graphische Darstellungen
mathematische Berechnungen
Formeln (chemische Gleichungen)

Inhaltlich sollte das naturwissenschaftliche Versuchsprotokoll folgende Elemente enthalten:
Aufgabenstellung
Versuchsbeschreibung
— Versuchsaufbau
— Versuchsablauf
— Versuchsergebnisse
Deutung der Versuchsergebnisse; eventuell Ableitung von Gesetzen oder Bestätigung von Hypothesen usw.

6. Hausaufgaben: Unerläßlich, aber ...?

Viele Schüler empfinden die Hausaufgaben als eine besondere Belastung, die sie deshalb lustlos vor sich herschieben, unzureichend anfertigen oder auf die sie häufig ganz verzichten. Daraus entstehen Konflikte zwischen Lehrern und Schülern, die das Arbeitsklima belasten und die Arbeitsfreude mindern. Auch in vielen Familien stellen die Hausaufgaben eine ständige Quelle von Streit und Ärger zwischen Kindern und Eltern dar.
Die folgenden Hinweise sollen Ihnen den Sinn der Hausaufgaben verdeutlichen und Ihnen einige Hilfen bieten, wie Sie diese „lästige", aber notwendige Schülerpflicht erfüllen können.

6.1. Warum Hausaufgaben?

Mit den Hausaufgaben werden unterschiedliche Zwecke verfolgt.
Übungsaufgaben sollen das im Unterricht erarbeitete Wissen vertiefen und festigen.
Anwendungsaufgaben sollen helfen, das gelernte Wissen und die erworbenen Fähigkeiten auf neue Lernsituationen zu übertragen.

Ein Großteil der Hausaufgaben, vor allem in den geisteswissenschaftlichen Fächern, dient der *Vorbereitung der Unterrichtsarbeit.*
Darüber hinaus ermöglichen die Hausaufgaben dem Schüler, seinen *Lernerfolg zu kontrollieren,* Lücken festzustellen und diese durch Rückfragen im Unterricht oder bei Mitschülern auszufüllen.
Ganz allgemein werden die Hausaufgaben als ein Mittel angesehen, den *Schüler zu selbständiger Arbeit hinzuführen* und diese einzu*üben.*
Aus diesen Gründen bilden die Hausaufgaben nicht nur eine sinnvolle, sondern auch notwendige Ergänzung zur Unterrichtsarbeit in der Schule.

☐ *Aufgabe*

Damit Ihnen der Sinn der Hausaufgaben in den verschiedenen Fächern bewußter wird, prüfen Sie die Aufgaben einer Schulwoche auf Ihre Zwecke hin! Zeichnen Sie dazu ein Koordinatenkreuz, auf dessen x-Achse Sie Fächer und auf dessen y-Achse Sie die Zwecke der Hausaufgaben eines Tages abtragen! Beachten Sie, daß eine Hausaufgabe mehrere Kriterien erfüllen kann (z. B. Mathematikaufgaben: Übung und Selbstkontrolle)!

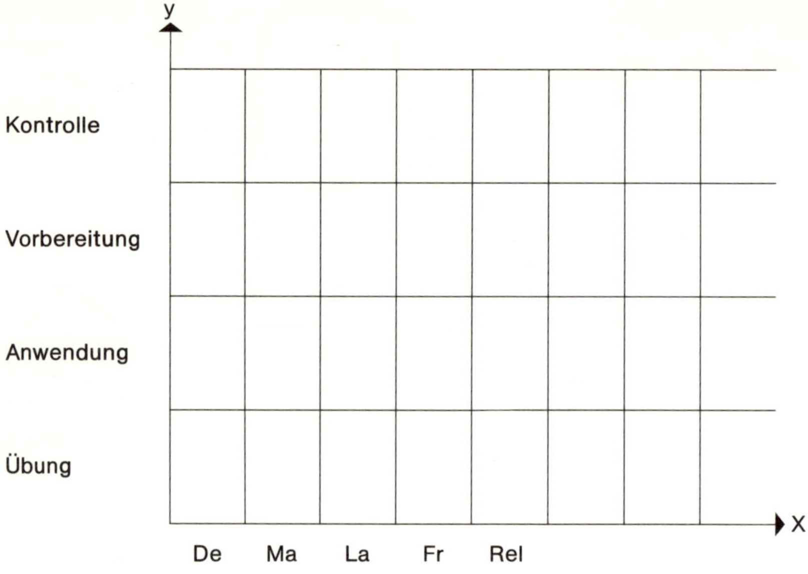

6.2. Wann Hausaufgaben?

Über den Zeitpunkt, wann die Hausaufgaben am besten gemacht werden, lassen sich keine allgemeingültigen Aussagen machen. Der für Sie geeignete Zeitpunkt ist abhängig von der Schulzeit (Vormittags- oder Nachmittagsunterricht), den Bedingungen zu Hause und von Ihrem individuellen Lebensrhythmus. Da Sie aus diesen Gründen den für Sie am besten geeigneten Zeitpunkt selbst herausfinden müssen, sollen nur einige Erfahrungen als allgemeine Regeln mitgeteilt werden.
Weil der Mensch feste Gewohnheiten liebt, sollten Sie in Ihrer Arbeitsplanung *feste Zeiten* für die Hausaufgaben vorsehen und diese auch einzuhalten versuchen.
Da die Hausaufgaben zur regelmäßigen „Arbeitszeit" des Schülers gehören, ist es zweckmäßig, die *Umgebung* davon in Kenntnis zu setzen und Eltern und Freunde um Verständnis dafür zu bitten, daß diese Zeit nicht durch Telefongespräche o. ä. unterbrochen wird.
Sie selbst können dafür sorgen, daß Sie in Ihrem Zeitplan möglichst größere zusammenhängende *Lernphasen* vorsehen, weil das Lernen eine „Aufwärmphase" und schwierigere Probleme längere Konzentration und Ausdauer verlangen.
Als *Arbeitszeit* wird für den Schüler in der Regel der Nachmittag zu empfehlen sein. Zwar spricht nichts gegen geistige Arbeit am Abend oder in der Nacht, nur werden Sie bedenken müssen, daß zu wenig Schlaf die Aufmerksamkeit beim Unterricht am nächsten Tag beeinträchtigt und die Leistungsfähigkeit mindert.
Zweckmäßig ist eine *Erholungspause* nach dem Mittagessen zur Überwindung der Mittagsmüdigkeit — „Plenus venter non studet libenter" —, um von den Ereignissen des Schulmorgens Abstand zu gewinnen und um sich dann auf die Aufgaben konzentrieren zu können. Auch während der Arbeit sollte man auf Pausen achten, besonders dann, wenn man sich „festgebissen" hat und in seiner Arbeit nicht weiterkommt.

Am Abend wird man die Arbeit am besten so frühzeitig beenden, daß vor dem Schlafen noch Zeit zum „Abschalten" und zur Entspannung bleibt und der Schlaf nicht von den Problemen der Hausaufgaben und Schule in Mitleidenschaft gezogen wird.

6.3. Wieviel Zeit für Hausaufgaben?

Da die Hausaufgaben zur regelmäßigen Arbeitszeit des Schülers gehören und der Steuerzahler erhebliche Leistungen aufbringt, um dessen Ausbildung zu finanzieren, ist auch vom Oberstufenschüler wie von den gleichaltrigen Angehörigen anderer Berufe eine regelmäßige Arbeitszeit von ca. 40 Stunden zu fordern. Da der Schüler außerdem mehr Ferien als seine Altersgenossen in anderen Berufen und zudem eine größere Freiheit in der Einteilung seiner Zeit genießt, wird ihm gelegentlich auch eine längere Arbeitszeit zuzumuten sein. Über Art und Umfang der Hausaufgaben enthalten die Schulgesetze der einzelnen Bundesländer meist allgemein gehaltene Aussagen und in der Regel an die Lehrer die Anweisung, sich über den Umfang der Hausaufgaben in den einzelnen Klassen untereinander abzustimmen.

Die Zeit, die der Schüler für seine Hausaufgaben aufwendet, ist natürlich individuell verschieden und abhängig von der Quantität und vom Schwierigkeitsgrad der Aufgaben, von situativen Bedingungen (bevorstehende Klassenarbeiten, Prüfungen, ruhiger und zweckmäßig eingerichteter Arbeitsplatz), von der persönlichen Motivation und vom individuellen Lerntempo, sowie von anderen äußeren oder inneren Störfaktoren.

Wenn die von Ihnen für die häusliche Arbeit aufgewendete Zeit dauernd ein zumutbares Maß überschreiten sollte, liegen die Ursachen entweder außerhalb Ihres direkten Einflußbereiches in der Art der Aufgaben selbst oder in Ihrem Arbeitsstil. Dies stellen Sie am besten fest, indem Sie mit Ihren Kameraden über einige Zeit hin die Aufgaben eines Tages/Woche und getrennt für die einzelnen Fächer unter dem Gesichtspunkt notieren und vergleichen, für welches Fach Sie ungewöhnlich viel Zeit aufwenden. Sollte der Zeitaufwand bei den meisten Schülern nach Ansicht Ihrer Gruppe gleichermaßen zu hoch sein, ist ein Gespräch mit dem Lehrer sinnvoll.

Wenn Sie allein mit Ihrer Arbeitszeit den Rahmen des Üblichen überschreiten, können Ihnen z. B. folgende Überlegungen bei der Suche nach den Ursachen helfen:

Äußere Störfaktoren

— Ist mein *Arbeitsplatz* unzweckmäßig oder ungenügend ausgestattet?
— Werde ich durch *äußere Einflüsse* (Freunde, Familie usw.) zu häufig gestört?

Innere Störfaktoren

— Leide ich unter *Konzentrations- oder Motivationsmängeln?*
— Fehlen mir wichtige *Kenntnisse,* die für die Erledigung der Hausaufgaben notwendig sind?
— Ist meine *Zeitplanung* zweckmäßig?
— Beherrsche ich notwendige *Arbeitstechniken* nicht genügend?

Formblatt 8
Störfaktoren bei Hausaufgaben

Äußere Störfaktoren	Vgl. Seite	Mögliche Abhilfe
Unzweckmäßige Ausstattung des Arbeitsplatzes Ungenügende Ausstattung des Arbeitsplatzes Störungen: - durch Geschwister - durch andere Familienmitglieder - durch Freunde und Bekannte - durch Telefongespräche - durch Lärmbelästigungen - durch Radio, Plattenspieler Andere Störungen / anderes	Schlagen Sie im Sachregister nach!	
Innere Störfaktoren		
Konzentrationsmängel Motivationsmängel Mangel an Kenntnissen Fehler in der Arbeitsplanung Unzureichende Arbeitstechniken		

☐ *Aufgabe*

Untersuchen Sie anhand des obigen Schemas, ob Sie den Zeitaufwand für die Hausaufgaben verringern können!

Tatsächlicher Zeitaufwand für Hausaufgaben eines Oberstufenschülers in einer typischen Schulwoche

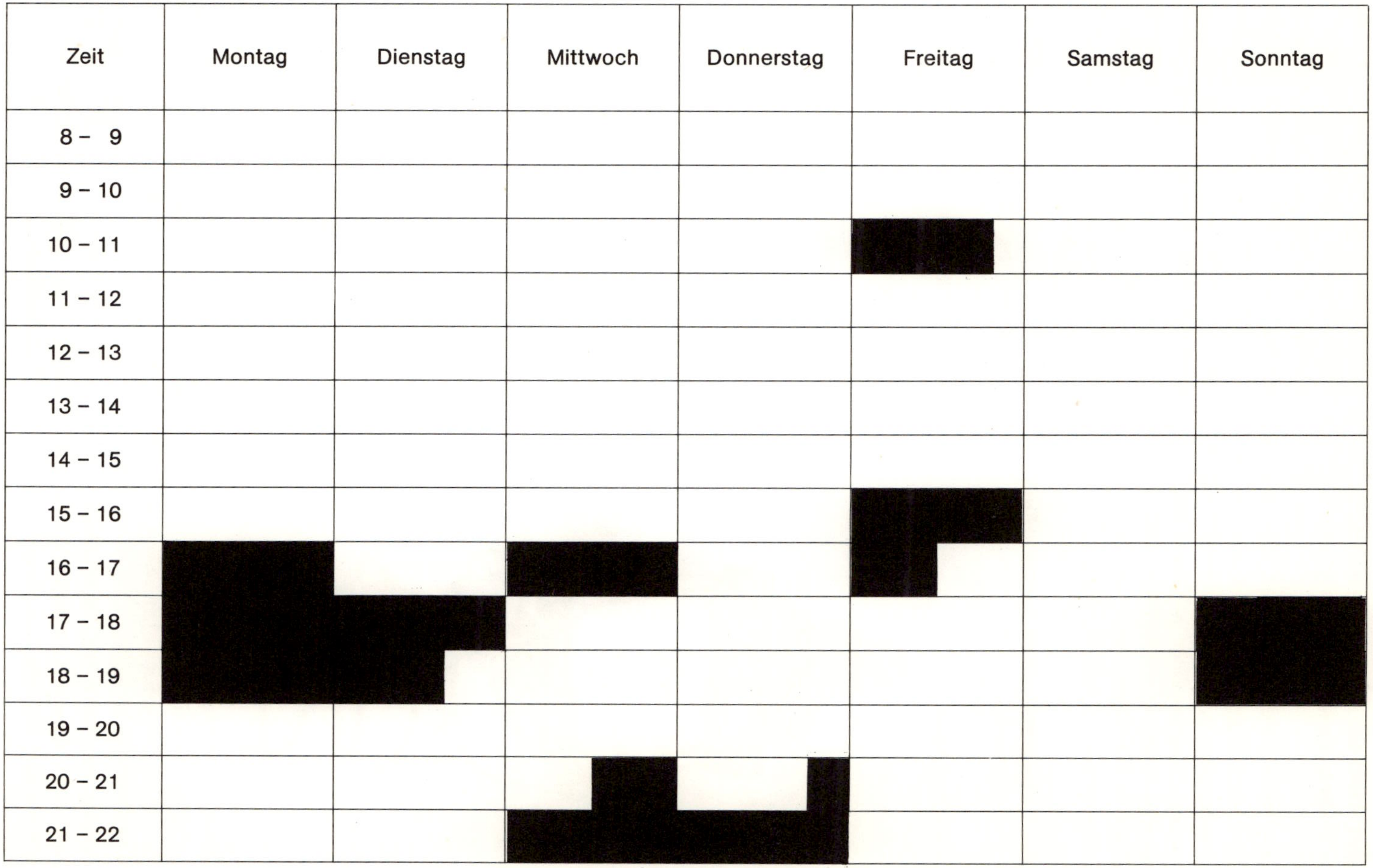

6.4. Hausaufgaben sinnvoll erledigen

Wie beim Lernen überhaupt, gibt es auch im Hinblick auf die Hausaufgaben Umstände, die den Lernerfolg und die Lernqualität fördern oder mindern. Die folgenden Hinweise sollen Ihnen helfen, Ihre bisherige Arbeitstechnik zu überprüfen und gegebenenfalls zu korrigieren.

6.4.1. Hausaufgaben zweckmäßig aufteilen

Aufwärmphase

Bevor ein Automotor zur vollen Leistung aufläuft, benötigt er Starthilfen, die dann zurückgenommen werden, wenn er seine Regelleistung erreicht. Ähnlich ergeht es häufig uns, wenn wir zu arbeiten beginnen und zunächst innere Widerstände überwinden müssen. In Kenntnis dieser psychischen Faktoren hilft auch bei der Erledigung der Hausaufgaben eine Aufwärmphase über die ersten Widerstände hinweg. Es erscheint deshalb zweckmäßig, zunächst solche Aufgaben zu erledigen, die man gerne tut und die deshalb zu weiterer Arbeit motivieren. Das sind Arbeiten für solche Fächer, die einem besonders liegen, für die man besonders leicht lernt und deren Erledigung ein erstes „Erfolgserlebnis" schafft.
Grundsätzlich sollten am Anfang der Lernphase Inhalte stehen, die aus sich heraus spontanes Interesse und Lernbereitschaft herausfordern. Damit schafft man durch Erfolgserlebnisse Motivationen für die weitere Arbeit.

Konzentrationsphase

Der warmgelaufene Motor überwindet nun auch Steigungen und schwieriges Gelände. In dieser zweiten Phase sind kompliziertere Stoffe zu erledigen, die Konzentration, Ausdauer und problemlösendes Verhalten verlangen. Diese Anforderungen stellen zum Beispiel schriftliche Aufgaben, in denen Rechnungen durchgeführt werden müssen oder bei denen es auf exakte Formulierungen ankommt. Auch das Vokabellernen und Übersetzungen gehören in diese Phase.

Lese- und Repetitionsphase

Nach einem Schulmorgen sind die Möglichkeiten für ein Arbeiten mit hoher Konzentration, bei dem neuer Wissensstoff erarbeitet oder gelernt werden muß, begrenzt. Das schließt aber nicht aus, daß in einer dritten Phase mehr routinemäßige oder wiederholende Arbeiten geleistet werden: Wiederholungen, Lektüre, mündliche Vorbereitungen, Aufarbeitung der Mitschriften, praktische Arbeiten in musischen Fächern u. a. m.

6.4.2. Pausen beachten und Abwechslungen schaffen

In Betrieben wird durch wissenschaftliche Methoden ermittelt, wie der Arbeitsablauf durch planmäßige Pausen der physischen Belastbarkeit des Arbeiters angepaßt werden kann. Ähnlich exakte Untersuchungen liegen für die geistige Arbeit nicht vor. Aber die Erfahrung zeigt, daß planvolle Pausen auch beim geistig arbeitenden Menschen die Arbeitsproduktivität erhöhen. Auf die Hausaufgaben bezogen bedeutet das, daß während kurzer Pausen von 5—10 Minuten zwischen den Arbeitsphasen der Stoff sich leichter im Gedächtnis verankert und sich außerdem Erholung einstellt.

Ähnlich wirksam wie Pausen ist nach lernpsychologischen Erkenntnissen die Abwechslung zwischen verschiedenen Stoffgebieten. Man weiß, daß zwischen ähnlichen Stoffen, z. B. zwei Vokabelreihen „Ähnlichkeitshemmungen" (Interferenzen) auftreten. Dies schließt man dadurch aus, daß man zwischen zwei ähnliche Aufgaben, z. B. Vokabellernen für Englisch und Französisch, ein ganz anderes Stoffgebiet einschiebt, z. B. Physik, Geschichte oder Deutsch (vgl. Kap. 2.2.2. Vergessen und Behalten).

6.4.3. Festen Arbeitsplatz und regelmäßige Arbeitszeiten vorsehen

An dieser Stelle sei nochmals darauf hingewiesen, wie wichtig für eine erfolgversprechende Bewältigung der Hausaufgaben ein fester Arbeitsplatz und festgelegte Arbeitszeiten sind. Ein organisierter Arbeitsplatz bringt durch Gewöhnung zusätzliche Motivationen. Außerdem befinden sich die notwendigen Hilfsmittel zur rechten Zeit am rechten Ort (vgl. Kap. 4. Organisieren Sie Ihren Arbeitsplatz).

Die Einplanung regelmäßiger Arbeitszeiten und ihre Beachtung sind langfristig Voraussetzung für den Schulerfolg und schaffen Raum für Hobby und Freizeit (vgl. Kap. 3. Überprüfen Sie Ihre Zeiteinteilung und genießen Sie Ihre Freizeit!).

☐ *Aufgabe*

Die Graphik auf Seite 77 zeigt ein Schema, in dem die tatsächlichen Arbeitszeiten, die ein Oberstufenschüler für die Hausaufgaben verwendet, eingetragen sind.

1. *Fertigen Sie mindestens für 3 typische Schulwochen solche Schemata an und tragen Sie die tatsächlich für Hausaufgaben aufgewandte Zeit darin ein!*
2. *Kennzeichnen Sie farblich die Zeiten, in denen Sie besonders konzentriert glauben arbeiten zu können!*
3. *Übernehmen Sie die gefundenen Zeiten in Ihre Zeitplanung (Kap. 3.2.)!*
4. *Prüfen Sie nochmals Ihren Zeitplan daraufhin, ob Sie ausreichend Zeit für die Hausaufgaben eingeplant haben und ob die Zeiten Ihrem optimalen Leistungsrhythmus entsprechen!*

7. Fachliteratur rationell erarbeiten

Warum greifen wir zu Lesestoff? Entweder sind es Neugier, Interesse, Anforderungen der Schule, des Studiums und des Berufes oder einfach das Bedürfnis, sich zu unterhalten. Diesen unterschiedlichen Interessen kommen verschiedene Arten von Literatur entgegen: angefangen vom Werbeprospekt über die Zeitung, Illustrierte, Unterhaltungsroman bis hin zu Lehr- und Fachbüchern und wissenschaftlichen Untersuchungen.

Der ungeübte Leser neigt dazu, diese vielfältige Literatur in ein und derselben Weise und mit der gleichen Methode zu lesen. Häufig besteht diese darin, die erste Seite aufzuschlagen und kontinuierlich von Seite zu Seite bis zum Ende mit dem gleichen Leseverhalten zu lesen.

Für uns stellt sich die Frage, ob diese Lesemethode rationell, der jeweiligen Lektüre adäquat und effizient ist. Um der Zeitersparnis und um größerer Effizienz willen müssen wir uns überlegen, ob es Lesemethoden gibt, die besonders vorteilhaft auf unterschiedliche Lesestoffe anzuwenden sind.

Bei Romanen der Unterhaltungsliteratur, Illustrierten, Werbeprospekten und ähnlichen Druckerzeugnissen bedarf es keiner besonderen Lesetechnik. Das Bedürfnis nach Unterhaltung, Entspannung und Zerstreuung läßt uns ohne deutliche Zielvorstellung und Willensanspannung solche Literatur konsumieren.

Anders verhält es sich mit dem Lesen, besser Erarbeiten von Fachliteratur. F. Robinson [12] konnte in Versuchen nachweisen, daß mit der üblichen Lesemethode des „Durchlesens" nur ca. 50 % des Wissenstoffs sofort nach der Lektüre wiedergegeben werden konnte. Die Behaltensquote erhöhte sich nur unwesentlich bei einem wiederholten Lesen.

Wir wollen Ihnen in den folgenden Abschnitten effektivere Lesemethoden vorstellen und empfehlen. Diese führen zu einer Verbesserung der Lesetechnik, indem sie die Aufmerksamkeit beim Lesen erhöhen und dadurch die Behaltensquote verbessern.

7.1. Lesemethoden

7.1.1. Die Drei- und Fünf-Schritt-Methode

Die Prinzipien der nachfolgenden als „Drei-Schritt-Methode" und „Fünf-Schritt-Methode" (diese ist die von F. Robinson entwickelte SQ3R-Methode) eingeführten Lesetechniken lassen sich bildhaft sehr einprägsam darstellen am Beispiel des Fremden, der in eine Stadt kommt und, um sich einen *Überblick* zu verschaffen, den höchsten Turm der Stadt ersteigt. Von dort aus erkennt er die markanten Sehenswürdigkeiten, die er *aufzu-*

[12] Vgl. Fußnote 13.

suchen beabsichtigt, um sich mit ihnen näher zu befassen. Er markiert sich diese Punkte in einer Skizze, sucht sie auf und *befaßt sich im einzelnen* mit ihnen. Ihm wichtig erscheinende Details streicht er in seinem Stadtführer an oder schreibt sie sich auf. Am Abend im Hotel läßt er die Eindrücke des Tages noch einmal *rekapitulierend* an sich vorüberziehen und ruft sich den Verlauf des Tages in Erinnerung. Bevor er zu Hause seiner Familie und seinen Freunden seine Eindrücke vermittelt, *repetiert* er noch einmal den Verlauf seiner Reise.
Vergleichbar dem Verlauf dieser kleinen Geschichte verfährt der Leser, der sich mit der Drei-Schritt- oder Fünf-Schritt-Methode ein Fachbuch, Lehrbuch oder einen Fachartikel erarbeitet.

Überblick gewinnen

Überblick gewinnen heißt, sich mit den Informationen des Buches überschlägig vertraut machen und versuchen die Intentionen des Autors herauszufinden. Statt sofort mit dem Lesen zu beginnen, nimmt man zunächst folgende Orientierungshilfen des Buches an:

— *Vorwort* und *Einleitung* enthalten häufig schon wichtige Hinweise auf die Intention, Ziele und Inhalte des Buches.
— *Inhaltsverzeichnisse* sind das Gerippe eines Buches und spiegeln Aufbau, Gedankenfolge und Gewichtung von Teilinhalten.
— *Kapitelüberschriften, Unterüberschriften,* eventuelle *Zusammenfassungen* und *Gedankenflußpläne* (vgl. Kapitel 11) lassen Rückschlüsse auf den Inhalt der einzelnen Kapitel zu.
— *Personen-, Sachverzeichnis* und *Glossar* sind weitere Orientierungshilfen.

Der geschulte Leser kann mit diesem ersten Schritt oft schon jetzt entscheiden, ob das Buch überhaupt bzw. welche Kapitel des Buches für seine Fragestellung zu berücksichtigen sind. Diesem Leser bleibt viel Zeit erspart, die er sonst für das seitenweise Lesen aufwenden müßte.
Analog verfährt man, wenn ein einzelnes Kapitel oder ein Fachaufsatz gelesen werden soll.

Fragen stellen

Fragen stellen hat den Sinn, eine rezeptive Lesehaltung in ein aktives Leseverhalten umzuformen. Dabei soll sich der Leser bewußt werden, daß eine fragende Haltung zum Text seinen Lernwillen aktiviert und seine Motivation eher steigert als passives Lesen von Zeile zu Zeile.
Folgende Fragen bieten sich unter anderem als Hilfen zum bewußteren Lesen und zur Steigerung der Aufmerksamkeit an:

— Welches ist die Intention des Verfassers?
— Will er informieren, überzeugen oder diskutieren?
— Worin besteht der wesentliche Kern der Aussagen?
— Mit welchen Argumenten begründet der Verfasser seine Ansicht?
— Welchen Anschauungen wird implizit oder explizit widersprochen?
— Mit welchen Vorkenntnissen läßt sich das Gelesene in Beziehung setzen?
— Wodurch unterscheidet sich das Gelesene von meinem bisherigen Wissen?

Wenn einem keine geeigneten Fragen einfallen, genügt es häufig, daß man die Kapitelüberschriften in Fragen umformt.
Wer so den 2. Schritt vollzieht, ist interessiert, sucht nach Antworten, unterscheidet schnell Wesentliches von Unwesentlichem, liest kritisch und konzentriert.

Der in dieser Methode zunächst Ungeübte sollte sich die Fragen vorher kurz schriftlich notieren. Der Zeitaufwand lohnt sich, da ein wiederholtes Lesen entfällt. Für den erfahrenen Leser stellt sich diese Fragehaltung später von selbst ein, da er von Interessenschwerpunkten und einem bestimmten Wissensstand sich fragend und kritisch Texten gegenüber verhält.

Lesen

Nach diesen vorbereitenden Schritten folgt jetzt das Lesen, bei dem man Antworten auf die vorher gestellten Fragen zu finden sucht. Erst jetzt kann man gezielt und konzentriert seine Aufmerksamkeit auf die Hauptpunkte oder die Abfolge des Gedankengangs richten, wobei man sich bewußt der Hilfen, die der Autor gibt — z. B. Unterstreichungen oder Hervorhebungen, Untergliederungen und Graphiken, Hinweiswörter —, bedient. Diese Methode erleichtert zudem das Erkennen bzw. das Unterscheiden von Tatsachen und Meinungen, von wissenschaftlich gesicherten Schlußfolgerungen und Hypothesen.

Wieviel man auf einmal liest, hängt vom Schwierigkeitsgrad des Textes ab. Auch hier gilt die Regel, abschnittsweise Pausen zu machen und zu prüfen, ob die vorformulierten Fragen überhaupt und hinreichend beantwortet sind.

Die bis hierher dargestellten drei Schritte bilden die Grundlage der Lesemethoden für Texte einfacheren und mittleren Schwierigkeitsgrades. Sie eignet sich für die Zusatzlektüre zu Unterrichtsinhalten, zur Vorbereitung größerer Themen (z. B. Facharbeit), bei denen ein informierender Überblick notwendig ist.

Gelegentlich wird schon der 1. Schritt genügen, um zu erkennen, ob das Buch für das Thema überhaupt bzw. welche Kapitel daraus verwendbar sind.

Für solche Bücher, die zur gezielten Vorbereitung auf Prüfungen herangezogen werden, z. B. eingeführte Lehrbücher, Skripten oder spezielle Fachaufsätze, und für vorgegebene Literatur zu Facharbeiten empfiehlt sich eine Ausweitung der Drei-Schritt-Methode zur Fünf-Schritt-Methode [13], die die folgenden beiden Ergänzungen umfaßt.

Rekapitulieren

Wenn die Lektüre in der oben angegebenen Weise durchgeführt worden ist, empfiehlt sich als nächster Schritt die Rekapitulation. Diese besteht darin, daß Sie kurz schriftlich oder mündlich Ihre Fragen beantworten, Schlüsselsätze notieren oder mündliche Zusammenfassungen versuchen.

Die *schriftliche* Wiederholung hat den Sinn, durch den Auszug von Schlüsselbegriffen oder Kerngedanken in eigenen Worten das Verständnis des Gelesenen zu überprüfen und das Behalten zu fördern.

Die kapitelweise *mündliche* Wiederholung verfolgt den gleichen Zweck. Darüber hinaus kann man dabei selbst überprüfen, ob ein gelesener Text wirklich verstanden ist und auch reproduziert werden kann. Besonders Schüler mit Formulierungsschwierigkeiten sollten diese Methode systematisch anwenden und laut üben, damit sie sich dadurch zwingen, Gedanken zu formulieren, um nicht der Selbsttäuschung zu unterliegen, etwas nur Gelesenes auch wirklich verstanden zu haben und reproduzieren zu können.

---

[13] Die hier dargestellte Fünf-Schritt-Methode entspricht der von Robinson entwickelten SQ3R-Methode. S = Survey: Überblick gewinnen. Q = Question: Fragen stellen. R = Read: Lesen. R = Recite: Hersagen, Rekapitulieren. R = Review: Repetieren, Wiederholen. Vgl. F. Robinson: Effective Study, New York (Harper & Row) 1961

Besonders hilfreich erweist sich der 4. Schritt bei der Vorbereitung auf Prüfungen, da er kontrolliert, was allgemein in Prüfungen verlangt wird: ob ein Stoff
— verstanden worden ist
— selbständig wiedergegeben und auch ein komplizierter Sachverhalt mit hinreichender Genauigkeit formuliert werden kann.

Der ständige Wechsel zwischen Fragen, Lesen und Rekapitulieren hält das Interesse wach und verzögert vorzeitige Ermüdung.

Die Zusammenfassung nach jedem größeren Abschnitt sollte stichwortartig geschehen. Wenn Sätze vorgezogen werden, dann nur kurze.

Regeln zur Rekapitulation:

- **Notizen erst nach dem Durchlesen eines Abschnitts oder eines Kapitels anfertigen**
- **Notizen aus der Erinnerung formulieren**
- **Notizen in eigenen Worten und in größtmöglicher Kürze fassen**
- **Ausreichend Raum für spätere Ergänzungen auf den Notizblättern lassen.**

Zusammenfassende Wiederholung am Ende

Die zusammenfassende Wiederholung hat den Sinn:
— die abschnittsweise erarbeiteten Einzelergebnisse zu einem Ganzen zusammenzufassen, indem man sich noch einmal der Fragen, der wichtigsten Antworten und des Gesamtzusammenhangs versichert
— die Notizen zu ergänzen
— einzelne Punkte anhand des Textes zu überprüfen und Ergebnisse zu sichern, um eine brauchbare Unterlage für Prüfungsvorbereitungen zu haben
— den Stoff im Gedächtnis zu verankern.

Das Arbeiten mit den beiden Methoden mag dem Anfänger zeitraubend erscheinen. Bei systematischer Anwendung jedoch wird man sehr bald Übung und Sicherheit erlangen. Ihre großen Vorteile liegen darin, daß man schneller und besser Lernstoff behält und nach einiger Übung insgesamt im Vergleich zum herkömmlichen Leseverhalten Zeit spart.

7.2. Exzerpieren und Unterstreichen

Die Lesemethoden können vorteilhaft ergänzt werden, indem man Exzerpte anfertigt und systematisch Textstellen unterstreicht.

Der Sinn des Unterstreichens liegt darin, Texte durch zusätzliche Strukturierungshilfen zu gliedern und merkfähiger zu gestalten.

Das Exzerpieren macht uns Gedanken des Autors oder wörtliche Zitate für größere Arbeiten, wie Facharbeit, Referate, Vorträge, Seminararbeiten, Diplomarbeiten usw., verfügbar.

7.2.1. Exzerpieren

Unter einem Exzerpt (= Textauszug) versteht man die wörtliche Wiedergabe einer Textstelle.

Bei einem *wörtlichen* Exzerpt sind die Regeln einer genauen Zitation zu beachten: d. h., das wörtliche Zitat wird in Anführungsstriche gesetzt und mit einem genauen Quellenverweis versehen (vgl. Kap. 8.3.: Zitate und Anmerkungen). Dabei sind vier häufig auftretende *Mängel* zu vermeiden:
— ungenaue Zitation (Mängel in der Zeichensetzung, Rechtschreibung, in den Hervorhebungen usw.)

— ungenaue / unzureichende Quellenangabe (fehlerhafte oder unvollständige Angaben über Verfasser, Titel, Erscheinungsort, Jahr, Auflage, Reihe, Seitenangabe)
— dem Thema unangemessene oder überflüssige Exzerpier- oder Fotokopiersucht
— zeitraubendes handschriftliches Exzerpieren statt Fotokopieren.

Die zweite Form des Exzerpts ist das *sinngemäße* Zitat, das in eigenen Worten Gedankengänge des Autors wiedergibt. Hier besteht besonders die Gefahr, daß eigene Gedanken und Gedankengänge des Autors miteinander vermischt werden, wenn sinngemäße Zitate nicht sofort beim Exzerpieren als solche kenntlich gemacht werden. Die wissenschaftliche Redlichkeit verlangt, daß auch sinngemäße Übernahmen in einer Fußnote gekennzeichnet werden.

Referate und Facharbeiten, Seminar- und Diplomarbeiten sind in der Regel wissenschaftliche Arbeiten, die den Nachweis darüber erbringen sollen, daß der Schüler oder Student es versteht, ein vorgegebenes Thema unter Benutzung der einschlägigen Literatur in wissenschaftlicher Weise zu bearbeiten. Das Ziel solcher Arbeiten besteht selten in der Darlegung neuer wissenschaftlicher Erkenntnisse als vielmehr in dem Nachweis der Fähigkeit, wissenschaftlich arbeiten zu können. Dazu gehört eine genaue und redliche Zitierweise.

(Diese Art der Exzerpte ist nicht zu verwechseln mit den Notizen, die wir im Zusammenhang mit den Methoden rationellen Lesens als Gedächtnis- und Lernhilfen vorgeschlagen haben.)

Exzerpte werden je nach dem Umfang entweder auf Bögen im DIN-A-4-Format geschrieben, kopiert oder auf Karteikarten festgehalten. Wichtig ist, Exzerpte durch Schlagworte, Überschriften und genaue Quellenangaben zu identifizieren. Im folgenden sehen Sie je ein Beispiel für eine Karteikarte (DIN A 6 — verkleinert), einmal mit einem wörtlichen Zitat und einmal mit einem sinngemäßen Zitat.

Bei Exzerpten größeren Umfangs empfehlen sich, wie oben erwähnt, DIN-A-4-Bögen bzw. Fotokopien. Achten Sie darauf, auch diese mit Schlagworten, Überschriften und Quellenangaben zu versehen.

Die Rückseiten der Karteikarten bieten sich an für:
— bibliographische Hinweise, z. B. Standortnummer des Buches in der Bibliothek, um dessen Wiederauffinden zu erleichtern
— Arbeitsvermerke, z. B. Verwendungsmöglichkeit, Querverweise, Wertung.

Wissenschaftliches Arbeiten	Schlagwort
Exzerpieren	Überschrift (2. Schlagwort)
„Man notiert Exzerpte, indem man entweder den Inhalt einer Stelle mit eigenen Worten umreißt oder die Stelle wörtlich unter Verwendung von Anführungszeichen zitiert oder beide Formen miteinander verbindet. Wichtig ist dabei die eindeutige Verzeichnung der Quelle mit genauer Angabe der Seitenzahlen und den vorgenommenen Kürzungen, besonders wenn vielleicht das Buch später nicht mehr verfügbar ist."	**Wörtliches Zitat**
Standop, Ewald: Die Form der wissenschaftlichen Arbeit, Dortmund (Lensing), 3. verb. Aufl., 1965, S. 15	Quellenangabe

Wissenschaftliches Arbeiten	Schlagwort
Stil wissenschaftlicher Arbeiten	Überschrift (2. Schlagwort)
Standop fordert: 1. Sachlichkeit und Präzision, keine Weitschweifigkeit 2. Logische Argumentation, beruhend auf – Tatsachen und Schlußfolgerungen – Behauptung und Beweis – Darstellung und Zusammenfassung	**Sinngemäßes Zitat**
Standop, Ewald: Die Form der wissenschaftlichen Arbeit, Dortmund (Lensing), 3. verb. Aufl., 1965, S. 12	Quellenangabe

7.2.2. Markieren

Eine weitere Lesehilfe beim Erarbeiten von Fachliteratur stellt das Markieren dar.
Sinn und *Vorzüge* des Markierens:

- **Markierungen helfen, einen Text zusätzlich zu strukturieren**
- **Sie erleichtern beim Lernen und Wiederholen die Orientierung und bringen Zeitgewinn**
- **Sie fördern durch strukturierende Darstellung die bessere visuelle Aufnahme und das Behalten.**

Am besten verfährt man beim Markieren nach folgender *Methode*:
- — Der Text wird zweckmäßig zuerst abschnittsweise gelesen.
- — Wenn Sie die Antworten auf die Leitfragen (vgl. Drei-Schritt- und Fünf-Schritt-Methode) gefunden haben, werden Schlüsselbegriffe oder Kerngedanken markiert.
- — Durch Markierungssysteme (verschiedene Farben, Doppelunterstreichungen, ersatzweise oder zusätzlich Zahlen oder Buchstaben) werden die Markierungen entsprechend ihrer Wichtigkeit und Funktion einander zugeordnet.

Leicht unterlaufen beim Markieren folgende *Fehler*:
- — Es wird zuviel markiert. Diese Gefahr liegt besonders nahe, wenn man schon beim ersten Lesen markiert. Es erscheinen Ihnen dann Sätze oder Begriffe wichtig, deren Stellenwert sich im Gesamtkontext relativiert. Das Markieren verliert als Strukturierungs- und Behaltenshilfe seinen Wert, wenn ganze Kapitel markiert werden.
- — Auch vollständig markierte Sätze mindern die Übersichtlichkeit.
- — Das erste Lesen dient dem Verstehen. Weil Markieren nicht mechanisch sein soll, muß es bewußt in den Lese- und Lernprozeß integriert werden. Deshalb setzt es eine Entscheidung darüber voraus, was als wesentlich erkannt wird, und nur das soll markiert werden.

Zusammenfassende Regeln:

- **Nur eigene Bücher und Arbeitsunterlagen markieren.**
- **Erst lesen, dann markieren.**
- **Sparsam und gezielt markieren.**
- **Überprüfen, ob Markierungen den Text richtig strukturieren.**
- **Das einmal angeeignete Markierungssystem beibehalten und permanent üben.**

☐ *Aufgaben*

1. *Bereiten Sie einen geeigneten Lernstoff nach der obigen Methode durch Markierungen auf!*
Überlegen Sie sich zuvor ein System (z. B. Benutzung eines Vierfarbenstiftes, wobei Sie jeder Farbe einen bestimmten Rang zuordnen. Denken Sie daran, diese Rangordnung der Farben beizubehalten und die Methode für alle geeigneten Lernstoffe anzuwenden)!
2. *Strukturieren Sie einen Zeitungsartikel.*

8. Fach- und Seminararbeit

8.1. Welchen Sinn haben Fach- und Seminararbeiten?

Die neuen Lehrpläne der Reformierten Oberstufe sehen in der Anfertigung einer Facharbeit eine besondere Leistung des Oberstufenschülers. Diese wird honoriert durch eine doppelte Wertung der damit erreichten Punktzahl innerhalb der Gesamtqualifikation des Punktkreditsystems.

Im Studium werden Facharbeiten im allgemeinen als Referate oder Seminararbeiten bezeichnet. Für den Schulbereich soll der neue Terminus „Facharbeit" deutlich machen, daß darunter anderes und mehr zu verstehen ist als unter dem gewohnten Schülerreferat.

Letzteres besteht in der Regel darin, daß ein Schüler die Klasse im *mündlichen Vortrag* mit einem begrenzten Thema oder Gedankengang aus einem Buch oder einer Abhandlung bekannt macht. Dabei fehlt meistens die tiefergehende Analyse und Wertung, und die Stufe der Reproduktion wird kaum überschritten. Natürlich behält auch diese Art des Referates ihren Sinn, insofern es einerseits der Vermittlung von Kenntnissen dient und andererseits eine ausgezeichnete Übung ist, sich vor einem Zuhörerkreis sachlich und ansprechend zu äußern. Der Schüler sollte Gelegenheiten zum freien Vortrag in der Schule nutzen, um sich auf diese häufige Anforderung in Studium und Beruf frühzeitig einzustellen und diese zu üben. Im 9. Kapitel finden Sie Hinweise und Regeln, die Ihnen beim mündlichen Vortrag hilfreich sind.

Von diesem mündlichen Referat sind das schriftliche Referat und die Facharbeit zu unterscheiden. Deren besondere *Kennzeichen* in der Schule sind:

— die *individuelle Themenstellung*
— die *Mitwirkung des Schülers* bei der Wahl des Faches, des Gegenstandes und der Formulierung des Themas
— der *wissenschaftsbezogene Charakter* der Untersuchung, wobei ein überschaubares Problem selbständig bearbeitet wird und der Schüler die angegebene Literatur auswerten und die Regeln wissenschaftlichen Arbeitens beachten muß.

Die mit der Ausfertigung einer Facharbeit in einem Leistungskurs angestrebten *Zwecke* sind:

— Einübung wissenschaftspropädeutischen Arbeitens
— Einübung themengerechter Literaturverwendung
— Anwendung wissenschaftlicher Arbeits- und Darstellungsformen
— Hinführung zu methodenbewußtem Arbeiten.

Mit diesen Zielen bleiben Referat und Facharbeit ganz im Rahmen wissenschaftspropädeutischen Arbeitens, d. h. „vorbereitender" Anwendung und Einübung wissenschaftlicher Arbeitsformen. Das Ziel solcher Wissenschaftspropädeutik ist nicht mehr und nicht weniger, als an begrenzten Aufgaben die Befähigung dazu nachzuweisen.

Die Beachtung allgemein anerkannter Regeln wissenschaftlichen Arbeitens ist deshalb notwendig, weil wissenschaftliche Erkenntnis von „Alltagserkenntnis" sich dadurch unterscheidet, daß sie Erkenntnisfortschritt anstrebt, indem sie

— fachspezifische Methoden anwendet
— sich auf definierte Axiome und Voraussetzungen bezieht
— ihre Ergebnisse zugänglich und kontrollierbar macht
— und sich einer formalisierten Sprache oder Fachterminologie bedient.

Zur Erfüllung dieser Bedingungen bedarf es der Beachtung der im folgenden näher beschriebenen Formalien und Regeln.

Wer sich diesen Anforderungen bewußt oder aus Nachlässigkeit entzieht, handelt sowohl im eigentlich wissenschaftlichen als auch im propädeutischen Sinne unwissenschaftlich.

8.2. Welches sind die formalen Kennzeichen wissenschaftlicher Arbeiten?

Aufbau einer wissenschaftlichen Arbeit

Bezüglich des Aufbaus schriftlicher wissenschaftlicher Arbeiten gibt es eine Reihe von Konventionen, die je nach Umfang, Bedeutung und spezifischen Arbeitsformen einzelner Fachrichtungen variieren.

Grundsätzlich finden sich folgende Aufbauelemente in wissenschaftlichen Arbeiten:
— Vorwort
— Verzeichnis der Abbildungen und/oder Abkürzungen
— Einleitung
— Inhaltsverzeichnis/Gliederung
— Ausführungen (Kapitelfolge)
— Zusammenfassung/Ergebnisse
— Literaturverzeichnis
— Sachregister
— Anhang (Materialteil mit Tabellen, Abbildungen etc.; Verzeichnis der Hilfsmittel; eidesstattliche Erklärung)

Naturwissenschaftliche Arbeiten variieren das Aufbauschema dahingehend, daß die Ausführungen eine Beschreibung des methodischen Ansatzes, der Versuchsanordnung und des Versuchsablaufs enthalten müssen. Es folgen die Versuchsergebnisse und die Diskussion der Ergebnisse, evtl. deren Gegenüberstellung mit der Literatur. Eine Zusammenfassung schließt auch in naturwissenschaftlichen Arbeiten den Hauptteil ab.

Vorwort

Ein Vorwort ist nur bei größeren wissenschaftlichen Arbeiten angebracht, bei kürzeren sollte man darauf verzichten oder sich auf eine „Vorbemerkung" beschränken.

Da das Vorwort nicht zum sachlichen Teil der Ausführungen gehört, darf es Persönliches enthalten. Vor allem finden die folgenden Hinweise im Vorwort Platz:
— Bemerkungen zur Entstehung der Arbeit
— Hinweise auf Besonderheiten, Schwierigkeiten usw.
— Zweck und Absicht
— Dankadressen an Mitarbeiter oder Institute.

Verzeichnis der Abbildungen und/oder Abkürzungen

Abbildungen

Wenn eine Arbeit größeren Umfanges Tabellen und Abbildungen enthält, so ist es zweckmäßig, diese der Reihe nach durchzunumerieren und in einem gesonderten Inhaltsverzeichnis aufzuführen.

Abkürzungen

Ein Abkürzungsverzeichnis wird für den Schulgebrauch in der Regel nicht erforderlich sein. In wissenschaftlichen Arbeiten dienen Abkürzungsverzeichnisse der Identifizierung von Abkürzungen, die die Langschrift häufig wiederkehrender Begriffe oder Literaturangaben erübrigen.

Einleitung

Wenn sich eine Einleitung als zweckmäßig und notwendig erweist, kann sie folgende Angaben enthalten:
- Rechtfertigung des Themas
- Ziel der Arbeit/Untersuchung
- Geschichte und Stand der Forschung (bei größeren wissenschaftlichen Arbeiten)
- Kurzüberblick über den Aufbau der Arbeit
- Angaben über die Herkunft des benutzten Materials.

Inhaltsverzeichnis

Das Inhaltsverzeichnis gibt die endgültige Gliederung der Untersuchung wieder und spiegelt den logischen Aufbau der Arbeit. Das Ergebnis einer logischen Gedankenführung muß eine logisch einwandfreie Gliederung sein.

Das Inhaltsverzeichnis soll enthalten:
- Überschriften oder Abschnittstitel, die im Text vollständig wiederholt werden müssen (eine Kennzeichnung der Texte durch ausschließliche Angabe der Kapitelnummern genügt nicht)
- Seitenangaben in arabischen Ziffern.

Bei der Anlage eines Inhaltsverzeichnisses ist ferner darauf zu achten,
- daß die Ziffern ihrer Wertigkeit entsprechend einander zugeordnet und bündig untereinander geschrieben werden (siehe das Inhaltsverzeichnis in diesem Buch)
- daß die *Kapitel systemtreu* aufgebaut werden, d. h. daß den verschiedenen Kapiteln die gleiche Einteilungsfolge zugrunde liegt, also entweder bei allen Kapiteln Untergliederung oder bei allen Verzicht auf Untergliederung
- daß die *Kapitel systemlogisch angelegt* werden, d. h. z. B.: ein Kapitel darf nicht nur einen Unterpunkt haben
- daß die *Kapitelüberschriften stilanalog,* d. h. entweder alle nominal, verbal oder interrogativ formuliert werden. (Aus didaktischen Erwägungen wurden bei zwei Kapiteln dieses Buches abweichend vom Nominalstil Fragesätze verwendet.)

Neben der in diesem Buch verwandten Dezimalklassifikation, die zunehmend üblich wird und auch bei umfangreichen Arbeiten eine übersichtliche und tiefe Gliederung ermöglicht, kennt man auch eine gemischte Klassifikation, die immer noch weit verbreitet ist, unseres Erachtens aber bei Tiefengliederung leicht unübersichtlich wird.

Beispiel einer gemischten Klassifikation

A. . . .
    I. . . .
        1. . . .
        2. . . .
        3. . . .
            a) . . .
            b) . . .
                aa) . . .
                bb) . . .
    II. . . .
B. . . .
    I. . . .
        1. . . .
        2. . . .
            usf.

Eine weitere Unterteilung mit griechischen Buchstaben vergrößert die Unübersichtlichkeit und sollte deshalb vermieden werden.

Ausführungen

Die Ausführungen werden nach den sich aus der Themenstellung der Arbeit ergebenden Gesichtspunkten zu Kapiteln und Abschnitten geordnet, die im Inhaltsverzeichnis zusammengefaßt sind. Dabei sollte man sich nicht zum Sklaven einer einmal vorgenommenen Gliederung machen, vielmehr sie als eine vorläufige Ordnung der Gedanken betrachten, die dazu dient, gezielt Material zu sammeln und auf das Thema bezogen zusammenzustellen. Die erste Ordnung sollte nur als Entwurf der Arbeit betrachtet werden, der der Revision und Verbesserung bedarf.

Im Folgenden finden Sie als Beispiel für eine Revision die vorläufige und endgültige Fassung des 7. Kapitels dieses Buches.

Vorläufige Fassung

7. FACHLITERATUR RATIONELL ERARBEITEN
   - 7.1. „SQ3R" — keine chemische Formel
     - 7.1.1. Survey — Überblick gewinnen
     - 7.1.2. Question — Fragen
     - 7.1.3. Read — Lesen
     - 7.1.4. Recite — Rekapitulieren
     - 7.1.5. Review — Repetieren
   - 7.2. Lesehilfen und Exzerpte
   - 7.3. Tips zur Bibliotheksbenutzung

Endgültige Fassung

7. FACHLITERATUR RATIONELL ERARBEITEN
   - 7.1. Lesemethoden
   - 7.2. Exzerpieren und Unterstreichen
     - 7.2.1. Exzerpieren
     - 7.2.2. Unterstreichen

Bei den Ausführungen muß weiterhin beachtet werden, daß Hauptgedanken, die sich mit dem Thema auseinandersetzen, Gegenstand der Hauptkapitel sind und auch dort, und nicht etwa in der Einleitung oder erstmals in der Zusammenfassung, stehen.

Kapitel und Abschnitte werden durch Übergänge so verbunden, daß der logische Gedankenzusammenhang erkennbar ist und ein flüssiges Lesen ermöglicht wird.
Die sorgfältige Gliederung ist die beste Voraussetzung für eine schnelle und sichere Orientierung des Lesers und erleichtert es ihm, die Anordnung und Struktur des Stoffes zu durchschauen.

Zusammenfassung/Ergebnisse

Eine Zusammenfassung, ein Ausblick oder eine persönliche Wertung sollte die Facharbeit beschließen. Bei größeren Arbeiten können auch Zusammenfassungen oder Schlußfolgerungen aus einzelnen Kapiteln dem Leser hilfreich sein.

Literaturverzeichnis

Das *„Literaturverzeichnis"*, bei kleineren Abhandlungen, z. B. Facharbeiten, spreche man besser von „Benutzten Büchern" o. ä., enthält eine Zusammenstellung der *herangezogenen* Literatur. Man darf nur solche Literatur aufführen, die tatsächlich herangezogen wurde, sich im Text ausweist und deren Benutzung vom Leser kontrolliert werden kann.
Die *Bibliographie* dagegen strebt zu Forschungszwecken die umfassende Auflistung von Literatur zu einem bestimmten Thema an.
Für die Anlage von Literaturverzeichnissen bieten sich je nach Charakter und Umfang der Arbeit verschiedene Ordnungsmöglichkeiten an:

1. Alphabetische Anordnung nach Verfassern
2. Kapitelweise Anordnung
3. Gliederung nach Quellen (Primärliteratur), z. B. in Fächern, die Quellen interpretieren, wie Geschichte, Rechtswissenschaft, Theologie, Literaturwissenschaft usw. und Forschungsliteratur (Sekundärliteratur).

4. Gliederung nach Art des Schrifttums
- — Quellen,
- — Bibliographien,
- — Lexika und Handbücher,
- — Aufsätze in Zeitschriften, Sammelwerken und Zeitungen,
- — Bücher.

Bei größeren Arbeiten (Diplomarbeiten, Dissertationen u. ä.) leistet eine Autorenkartei, die zweckmäßigerweise während der Arbeit angelegt und laufend vervollständigt wird, wertvolle Dienste bei der Anordnung des Literaturverzeichnisses, weil sie Zeit spart und eine flexible Handhabung gewährleistet (vgl. Kapitel 7.2.1. Exzerpieren).
Für kleinere Arbeiten (Seminar- und Facharbeiten) genügt die übersichtliche Zusammenstellung der Literatur nach Quellen, Büchern und Aufsätzen.
Bei der Zusammenstellung des Literaturverzeichnisses müssen folgende Kriterien berücksichtigt werden:

- **Richtigkeit**
- **Vollständigkeit**
- **Übersichtlichkeit**
- **Einheitlichkeit.**

Richtigkeit: Die Literaturangaben müssen fehlerfrei sein (s. u.).

Vollständigkeit: Alle Informationen, die für die Identifizierung des Werkes notwendig sind, müssen aufgeführt sein.

Übersichtlichkeit: Das Literaturverzeichnis berücksichtigt eine der oben aufgeführten Ordnungsmöglichkeiten.

Einheitlichkeit: Die Aufeinanderfolge der Einzelelemente der Titel muß einem einheitlichen Schema folgen.

Jede Literaturangabe muß mindestens die folgenden Elemente aufweisen:

- **Zuname (Zunamen), Vorname (Vornamen) des Autors (der Autoren); bei Herausgebern zusätzlich der Hinweis: (Hrsg.)**
- **keine akademischen Titel, Amtsbezeichnungen usw.**
- **vollständiger Titel des Buches**
- **Nummer der Auflage, falls nicht 1. Auflage; ferner ggf. Angaben zur Übersetzung oder der Originaltitel**
- **Erscheinungsort**
- **Verlagsangabe**
- **Erscheinungsjahr.**

Bücher: Beispiele

Ein Verfasser
Hülshoff, Friedhelm: Kosten- und Leistungsrechnung industrieller Betriebe, Wiesbaden (Gabler) 1974

Mehrere Verfasser
Karlinger, Felix und Andrés, Angel, Anton: Spanische Literatur. Gestalten und Formen, Stuttgart (Kohlhammer), 1975

Lexikonbeitrag
Ellwein, Thomas: Art. Gesellschaftsstruktur, in: Management-Enzyklopädie, Bd. 3, München (Verlag Moderne Industrie) 1970, S. 163—182

Aufsätze in Fachzeitschriften und Zeitungen [14]
— Zuname (Zunamen), Vorname (Vornamen) des Verfassers (der Autoren)
— Titel des Aufsatzes
— Titel der Zeitschrift/Zeitung, einschließlich Jahrgang, Jahr
— Seitenzahl „von — bis"

Beispiele

Anger, Alfred: Landschaftsstil des Rokoko, in: Euphorion 51 (1957), S. 151—159

Held, Robert: Die Rolle Kanadas, in: Frankfurter Allgemeine Zeitung v. 18. Februar 1976, S. 1

Eine vollständige Übereinstimmung in allen Formalien ist in der einschlägigen Literatur bei der Anlage von Literaturverzeichnissen und in der Zitiertechnik nicht gegeben. Als Beispiel möge unser Literaturverzeichnis (S. 138 f.) dienen.

[14] Für umfangreichere wissenschaftliche Arbeiten empfehlen wir die ausführlichen Hinweise zur Anlage des Literaturverzeichnisses und zur Zitiertechnik in den Büchern von: *Bangen,* Georg: Die schriftliche Form germanistischer Arbeiten, Stuttgart (Metzler), 6. Aufl., 1971.
Standop, Ewald: Die Form der wissenschaftlichen Arbeit, Dortmund (Lensing), 3. Aufl., 1965.

8.3. Zitate und Anmerkungen

Zitate geben zu erkennen, mit welcher Literatur sich der Verfasser einer wissenschaftlichen Arbeit auseinandergesetzt hat. Sie setzen den Leser instand, diese Auseinandersetzung zu überprüfen und selbst anhand der zitierten Literatur tiefer in ein Forschungsgebiet einzudringen. Innerhalb des Gedankengangs einer Arbeit dienen Zitate dazu, die eigenen Erkenntnisse durch Beweise zu untermauern oder Behauptungen zu belegen; sie können aber auch Gegenstand kritischer Auseinandersetzung sein.
In diesem Sinne versteht man unter *Zitieren* den Verweis auf die als Quellen benutzte Literatur oder auf Arbeiten, aus denen man Gedanken wörtlich oder sinngemäß in die eigene Arbeit übernimmt. Hierbei ist es ein Gebot der wissenschaftlichen Redlichkeit, geistiges Eigentum Dritter durch genaue Angaben der Quellen oder Belege nachprüfbar zu machen. Eine Übernahme geistigen Eigentums, ohne zu zitieren, nennt man Plagiat. Bei größeren wissenschaftlichen Arbeiten, besonders bei Prüfungsarbeiten, gefährden Plagiate deren Anerkennung als ausreichende Prüfungsleistungen und können in besonders schweren Fällen zur Aberkennung eines akademischen Grades führen.
Die Unabdingbarkeit richtigen Zitierens in der Facharbeit wird dadurch betont, daß in den einschlägigen Richtlinien der Unterrichtsverwaltungen der Schüler schriftlich im Anhang der Facharbeit versichern muß, daß er diese selbständig angefertigt und alle benutzten Quellen vollständig angegeben hat.
Für den Anfänger sei auf zwei *Gefahren des Zitierens* hingewiesen:
Erstens auf die Gefahr, daß die Arbeit zu einer Zitatensammlung ausartet. Diese Gefahr liegt dann nahe, wenn der Verfas-

ser glaubt, alle zum Thema gelesene Literatur in der eigenen Arbeit präsentieren zu müssen, um Fleiß oder Belesenheit zu dokumentieren. Vor diesem Verfahren ist zu warnen, denn nicht alles, was man gelesen hat, bezieht sich auf das Thema der Arbeit.
Kollegiaten und Studenten neigen häufig dazu, ihre Arbeiten derartig mit Zitaten zu spicken, daß das eigene gedankliche Profil nicht genügend deutlich und die Arbeit stilistisch uneinheitlich und schwer lesbar wird. Des weiteren sei darauf hingewiesen, daß zum Allgemeingut gewordene Gedanken und Definitionen nicht eines Quellennachweises bedürfen.
Im Gegensatz zum Zuviel-Zitieren besteht die *zweite* Gefahr im Verzicht auf Zitate. Ursachen hierfür können Nachlässigkeit, Überheblichkeit oder Unvermögen sein:

— Nachlässigkeit, bestehend in der unzureichenden Heranziehung der für die Arbeit erforderlichen Quellen,
— Überheblichkeit im Verzicht auf Auseinandersetzung mit anderen Meinungen zugunsten des überbewerteten eigenen Standpunktes,
— Unvermögen, Inhalte und Standpunkte zu referieren und kritisch gegeneinander abzuwägen, oder einfach das Unvermögen, die Regeln des Zitierens richtig anzuwenden.

Das Haupterfordernis des Zitierens besteht in der *Genauigkeit.* Bei *wörtlichen* Zitaten ist es üblich:

- **das Zitat in doppelte Anführungszeichen zu setzen**
- **Zitate innerhalb eines Zitats in einfache Anführungsstriche zu setzen**
- **Hervorhebungen und Rechtschreibung des Verfassers, einschließlich besonderer Eigentümlichkeiten oder Fehler, zu übernehmen**
  Ein offensichtlicher Fehler wird durch (sic!) oder (!) gekennzeichnet
- **Unklarheiten (besonders Pronomen) durch Zusätze, die als Anmerkungen des Verfassers kenntlich zu machen sind, beseitigen („Anmerkung des Verfassers“, „sc.“ (scilicet): „nämlich“, „ergänze“)**
- **längere Zitate sind im Text einzurükken und engzeiliger zu schreiben.**

Bei *sinngemäßen* Zitaten handelt es sich um die nicht wörtlichen Übernahmen von Gedankengut, Experimenten oder Beispielen aus den benutzten Quellen in eigener Formulierung. Sie werden nicht in Anführungszeichen gesetzt, doch muß eine Zahl am Ende der Übernahme auf eine Fußnote mit der genauen Quellenangabe hinweisen. Die Quellenangabe wird in diesem Fall mit dem Vermerk „vgl.“ = (vergleiche) eingeleitet.
Sinngemäße Zitate werden dort angewandt, wo größere Zusammenhänge verkürzend referiert werden.

Eine Selbstverständlichkeit des genauen und richtigen Zitierens liegt darüber hinaus darin, daß wörtliche und sinngemäße Zitate nicht aus dem gedanklichen Zusammenhang der Quellen herausgerissen werden und damit den ursprünglichen Sinn verfälschen dürfen. Gegen dieses Postulat wird in der Praxis häufig verstoßen, obwohl dies als schwerwiegender Verstoß gegen die Wissenschaftlichkeit einer Arbeit gilt. Unbeabsichtigt kommt dieser Fehler dann vor, wenn man aus der Sekundärliteratur Zitate übernimmt, ohne diese an der Originalquelle überprüft zu haben. Überhaupt soll man sich zum Ziel setzen, die Originalliteratur — bis auf die wenigen Fälle, in denen diese nicht zugänglich ist — selbst einzusehen. Zitate, die in den genannten Fällen aus der Sekundärliteratur übernommen werden, muß man durch den Hinweis „zitiert nach“ kennzeichnen.

Zitierschemata

In den Geistes- und Naturwissenschaften haben sich in den letzten Jahren unterschiedliche Zitierschemata eingebürgert. Darüber hinaus gibt es länderspezifische Zitiergewohnheiten.

Harvard-System

Dieses in Amerika übliche und auch zunehmend in Deutschland verwandte Zitierschema verweist im fortlaufenden Text auf die Quelle durch Nennung des Autorenzunamens, des Veröffentlichungsjahrs und der Seite. Mehrere Veröffentlichungen desselben Autors aus demselben Jahr werden durch die lateinischen Kleinbuchstaben „a“ und „b“ usf. kenntlich gemacht.
Am Ende des Buches oder Aufsatzes werden die zitierten Quellen in der alphabetischen Reihenfolge der Nachnamen der Autoren zusammengestellt.

Naturwissenschaftlich-technisches Zitiersystem

Kennzeichnend für dieses System ist die fortlaufende Numerierung der wörtlichen und sinngemäßen Zitate durch eine in Klammern gesetzte Zahl (z. B. (13)) am Ende des Zitats. Dadurch wird der Lesefluß kaum unterbrochen; nachteilig wirkt sich allerdings aus, daß die Zitate nur durch Nachschlagen im Anmerkungs- bzw. Literaturverzeichnis identifiziert werden können.

Geisteswissenschaftliches Zitierschema

In den Geisteswissenschaften ist es üblich, die Quelle auf derselben Seite wie das Zitat ausführlich anzugeben. Das geschieht durch eine *Fußnote*. Diese Fußnote, auf die eine hochgestellte Ziffer am Ende des Zitats verweist, enthält:

— Zunamen des Autors
— Vornamen des Autors
— genauen Titel der Veröffentlichung
— Auflage (falls nicht die erste)
— Erscheinungsort
— Verlag
— Erscheinungsjahr
— Seitenangabe
— gegebenenfalls Herausgeber, Übersetzer, Band, Jahrgang und Nummer der Zeitschrift.

Bei wiederholtem Zitieren desselben Autors aus derselben Veröffentlichung kann man verkürzende Fußnotenangaben machen. In diesem Fall beschränkt man sich auf den Zunamen und den abgekürzten Vornamen des Autors und verweist auf das zitierte Werk mit der Abkürzung „a.a.O.“ = am angegebenen Ort und Seitenzahl. Bei mehreren Werken desselben Autors kann man nach der ersten vollständigen Fußnote einen abkürzenden Literaturverweis wählen.
Zitiert man mehr aus derselben Seite, genügt die Abkürzung „ebd.“ ohne Seitenangabe.
Auf jeden Fall aber muß die Fußnote eine eindeutige Identifizierung der Quelle sichern.
Bei der Numerierung der Fußnoten kann man verschiedene Verfahren anwenden:

● Seitenweise Numerierung

Zitate und Anmerkungen werden auf jeder Seite von 1 an neu durchnumeriert.

● Kapitelweise Numerierung

Die Fußnoten werden fortlaufend für das gesamte Kapitel durchnumeriert. Häufig ist dann auch die Literatur am Ende des Kapitels zusammengestellt.

Beispiele für Fußnoten

fortlaufender Text

1 Wernicke, Uta: Sprachwissen. Lehr- und Arbeitsbuch Deutsch Sekundarstufe II, 7. verb. Aufl., Hamburg (Handwerk und Technik) 1975, S. 11	1 Erstmaliges Zitat eines Verfassers: vollständige Angabe
2 ebd.	2 Nächstfolgendes Zitat derselben Quelle, desselben Verfassers, derselben Seite
3 Naef, Regula D.: Rationeller Lernen lernen, 6. Aufl., Weinheim und Basel (Beltz) 1974, S. 178–179	3 Weiterer Autor mit vollständiger Quellenangabe; wörtliches Zitat, das auf S. 178 beginnt und auf S. 179 endet.
4 Naef, a.a.O., S. 181 ff	4 Sinngemäßes Zitat aus demselben Buch
5 Brocks, Wolfgang; Burth, Knut; Rinneberg, Christoph: Berufsvorstellungen weiterstudierender Ingenieure, in: Die neue Hochschule, Bd. 16 (1975), Heft 79, S. 4	5 Wörtliches Zeitschriftenzitat

• Durchlaufende Numerierung

Durchnumerierung der Fußnoten von der ersten bis zur letzten Seite ist nur bei Arbeiten geringeren Umfangs zu empfehlen, weil sich Zählirrtümer nur sehr schwer korrigieren lassen und spätere Einfügungen nur um den Preis der Gesamtkorrektur der Fußnotenzählung möglich sind.

Fußnoten enthalten auch die sogenannten *Anmerkungen.* Darunter versteht man solche Hinweise, die nur in einem mittelbaren Bezug zum fortlaufenden Text stehen, den Lesefluß stören würden, aber dennoch aus folgenden Gründen notwendig sein können:

— um zusätzliche Erläuterungen, Hinweise, Differenzierungen, Ausblicke, Anregungen zu geben, die für speziell interessierte Leser oder für die Forschung von Interesse sein könnten;

— um Querverweise auf bereits behandelte oder noch zu behandelnde Themen der eigenen Arbeit zu geben. Häufig finden sich solche Querverweise — wie in diesem Buch — im Text angeführt.

Als Regeln für die Aufnahme von Anmerkungen können gelten:

• Wesentliche Elemente, die zum Verständnis der Arbeit notwendig sind, gehören nicht in die Anmerkungen, sondern in den fortlaufenden Text;

• Anmerkungen sollten im Normalfall sparsam verwendet und dürfen nicht zur Dokumentation eigener Belesenheit und „Wissenschaftlichkeit" des Autors mißbraucht werden.

8.4. Literatur- und Stoffsammlung

8.4.1. Zeitplanung

Die von Schülern und Studenten eingeforderten Arbeiten sind in der Regel terminlich gebunden. Deshalb muß man Überlegungen anstellen, welche Arbeiten im einzelnen durchzuführen und in welches Zeitraster diese unterzubringen sind.

Bei der Erstellung des Arbeitsplanes sind folgende Arbeitsschritte zu beachten:

— Stoff- und Literatursammlung bzw.

— empirische Untersuchungen und Versuche

— Auswertung der vorhandenen bzw. zu beschaffenden Literatur

— Niederschrift und Überarbeitung des Rohentwurfs

— Niederschrift und Überarbeitung des Manuskripts

— Erstellung und Durchsicht der Reinschrift

— ggf. Einbinden und Abgabe.

Einige dieser Schritte lassen sich zeitlich ziemlich genau fixieren, z. B. Einbindung (2 bis 3 Tage) und Reinschrift (je nach Länge der Arbeit 3 bis 14 Tage oder mehr). Weiterhin gilt als Faustregel, daß für Beschaffung, Durchsicht und Auswertung der Literatur bzw. Durchführung von Untersuchungen und Versuchen nicht mehr als die Hälfte der insgesamt zur Verfügung stehenden Zeit aufgewendet werden sollte. Unter Berücksichtigung angemessener Zeitreserven und Beachtung der übrigen regelmäßig anfallenden Verpflichtungen muß die Gesamtplanung erstellt und in mittel- und langfristige Zeitpläne übertragen werden (vgl. Kapitel 3.4. Lang-, mittel- und kurzfristige Zeitpläne).

8.4.2. Stoffsammlung

Informationsquellen

In vielen Fällen wird bei Facharbeiten der Kollegstufe die auszuwertende Literatur vom Fachlehrer angegeben und in der Schule erreichbar sein. Allerdings wird vielfach auch die Ausstattung der Schulbibliothek nicht ausreichen, alle Wünsche zu erfüllen. Das muß nicht immer ein Nachteil sein. Vor allem für Schüler, deren Schulen im Bereich öffentlicher Bibliotheken liegen, bietet sich die Möglichkeit, solche zu benutzen und sich in deren Benutzung einzuüben, was im Hinblick auf Studium und Beruf sinnvoll sein kann.

Die Hauptfundstellen für Schüler werden sein:

- **eigene Bücher**
- **Schulbibliothek**
- **Gemeinde- oder Stadtbüchereien**
- **Hochschulbibliotheken**
- **Spezialbibliotheken, z. B. in Amerikahäusern, Goetheinstituten, Deutsch-ausländischen Gesellschaften, Museen, öffentlichen Dienststellen, Firmen, Vereinen usw.**
- **Archive (Sammelstellen für Dokumentationsmaterial).**

Tips zur Bibliotheksbenutzung

„Da war ich dann also wirklich im Allerheiligsten der Bibliothek. Ich kann Dir sagen, ich habe die Empfindung gehabt, in das Innere eines Schädels eingetreten zu sein; ringsherum nichts wie diese Regale mit ihren Bücherzellen, und überall Leitern zum Herumsteigen, und auf den Gestellen und Tischen nichts wie Kataloge und Bibliographien, so der ganze Succus des Wissens, und nirgends ein vernünftiges Buch zum Lesen, sondern nur Bücher über Bücher: es hat ordentlich nach Gehirnphosphor gerochen, und ich bilde mir nichts ein, wenn ich sage, daß ich den Eindruck hatte, etwas erreicht zu haben! Aber natürlich war mir, wie der Mann mich allein lassen will, auch ganz sonderbar zumute, ich möchte sagen, unheimlich; andächtig und unheimlich.“ [15]

Damit es Ihnen nicht wie General Stumm in Musils „Mann ohne Eigenschaften“ ergeht, sollten sie sich der *Dienstleistungen,* der *Ordnungssysteme* und *Benutzerhilfen* und der *persönlichen Beratung* der Bibliothekare bedienen.

---

[15] Musil, Robert, Der Mann ohne Eigenschaften, Hamburg (Rowohlt), 1952, S. 461.

Lesesäle: Die Lesesäle größerer Bibliotheken enthalten in der Regel Enzyklopädien und Lexika, Standardwerke und Bibliographien sowie die neuesten Hefte der laufend gehaltenen Zeitschriften. Diese Bücher stellen meist eine Präsenzbibliothek dar, die im Gegensatz zu den in den geschlossenen Magazinen aufbewahrten Büchern es erlauben, das Buch im Lesesaal selbst einzusehen, ohne die Möglichkeit allerdings, es auszuleihen.
Lexika und Standardliteratur gewähren einen ersten Überblick über das zu erarbeitende Thema und geben Hinweise für eine systematische Suche nach Literatur.
Besonders *Bibliographien* (Schrifttumsverzeichnisse), die Literatur nach einem bestimmten Zeitraum, einer bestimmten Sprache, einem bestimmten Fachgebiet oder nach speziellen Themen ordnen, sind wertvoll für eine vertiefende Literatursuche.

Ausleihe: Die Ausleihe hat die Funktion, aus den Magazinbeständen Bücher auszuleihen. Dazu ist in der Regel eine Leihkarte und das Ausfüllen eines Ausleihscheines notwendig. Die Ausleihdauer beträgt durchschnittlich 4 Wochen, kann aber in Ausnahmefällen verlängert werden.

Fernleihe: Die Fernleihe vermittelt aus anderen Bibliotheken solche Bücher, die in der eigenen Bibliothek nicht vorhanden sind.

Persönliche Beratung: In größeren Bibliotheken gibt es eigens Beratungsbibliothekare, die den Benutzer vor allem in speziellen Fragen beraten.

Die Kataloge enthalten auf Karteikarten geordnet den Bücherbestand einer Bibliothek.

Alphabetischer oder *Verfasserkatalog:* In ihm ist die Literatur geordnet nach Verfassern bzw. Sachtiteln enthalten.

Sach- oder *Schlagwortkatalog:* Er ordnet die im alphabetischen oder Verfasserkatalog enthaltenen Titel nach sachlichen Gesichtspunkten, d. h. nach Sachgebieten, z. B. Geschichte, Rechtswissenschaft, Technik usw. und nach Schlagworten, z. B. Krieg, Dreißigjähriger.

Zeitschriftenkatalog: Er verzeichnet in alphabetischer Reihenfolge die Titel aller laufend gehaltenen Zeitschriften.

Die Karteikarten der Kataloge sind — sofern nicht alphabetisch nach Autorennamen — nach dem ersten Ordnungswort des Sachtitels, in der Regel dem ersten Substantiv im Nominativ geordnet.

□ *Aufgaben*

1. *Besuchen Sie mit Ihrem Lehrer auf einem Schulwandertag eine größere öffentliche Bibliothek und arrangieren Sie eine Bibliotheksführung!*
2. *Orientieren Sie sich über Bibliotheken an Ihrem Wohn- bzw. Schulort (vgl. Branchenverzeichnis des Telefonbuches unter dem Stichwort „Büchereien") und notieren Sie sich die Öffnungszeiten!*

Beispiele für Bibliothekskarteikarten (verkleinert)

Katalogkarte aus der **Verfasserkartei**

Karte	Erläuterung
Boell, Heinrich 71–7229	Verfasser (Zuname, Vorname), Buchnummer
Heinrich Böll. **Gruppenbild** mit Dame. Roman. (2. Aufl.) (Köln): Kiepenheuer & Witsch (1971). 400 S.	Titelbeschreibung
D 75463 ○	Bearbeitungschiffre der Bibliothek (für Benutzer unerheblich)

Katalogkarte aus dem **Sach- oder Schlagwortkatalog**

Karte	Erläuterung
soz. 90: Unternehmungsforschung S 4451:14	Ordnungsnummer im Sachkatalog, Schlagwort, Buchnummer
Studien praktische Unternehmungsforschung	Sachbegriff
E(rwin) **N**ievergelt [u. a.] Praktische Studien zur Unternehmensforschung. Berlin, Heidelberg, New York: Springer 1970. XII, 240 S. (Ökonometrie und Unternehmensforschung.14.)	Titelbeschreibung
L 69155 ○	Bearbeitungschiffre

Katalogkarte aus dem **Zeitschriftenkatalog**

Karte	Erläuterung
1) Journal European psychology Social Z 4427 European journal of social psychology. Vol. 1– The Hague, Paris 1971–	Titel der Zeitschrift
Z 5773 ○	Bearbeitungschiffre

8.5. Stoffverarbeitung und Manuskript

Wenn wir voraussetzen, daß dem Schüler die Literatur, die für die Facharbeit benötigt wird, zugänglich ist, wollen wir uns in diesem Abschnitt mit der Verarbeitung des Materials und der Gestaltung des Manuskripts beschäftigen. Zuvor aber noch einige Anmerkungen zur Themenwahl.

8.5.1. Themenwahl

Grundsätzlich sind drei Formen, wie das Thema gestellt wird, denkbar.
Der Schüler erhält *vom Fachlehrer* ein festformuliertes Thema. In diesem Fall bleiben dem Schüler keine Wahlmöglichkeiten. Das hat Vorteile und Nachteile. Vorteilhaft wirkt sich aus, daß die Qual der Wahl entfällt. Weiterhin wird man davon ausgehen können, daß der themenstellende Lehrer Vorstellungen über Inhalt und Ziel der Arbeit, einschlägige Literaturkenntnisse und Erwartungen an die Art der methodischen Durchführung hat. Auch wird er berücksichtigt haben, daß das Thema in der vorgegebenen Zeit bearbeitet werden kann. Damit eröffnet sich dem Bearbeiter die Chance, detailliert Fragen zum Thema stellen und Literaturhinweise erbitten zu können.
Nachteilig kann bei vorgegebener Themenstellung sein, daß die Interessenlage des Schülers nicht genau getroffen wird und er infolgedessen geringer motiviert ist.
Das Thema wird vom Kursleiter *im Benehmen mit dem Schüler* gestellt. Bei dieser Art der Themenfindung ist eine Abstimmung der gegenseitigen Vorstellungen und Erwartungen möglich.
Das Thema kann im Rahmen des Leistungskürses *frei gewählt* werden. Diese Form bietet die größtmögliche Berücksichtigung der individuellen Interessen und Neigungen des Schülers und läßt eine hohe Motivation erwarten. Gefahren bestehen vor allem darin, daß der Schüler, weil er nur einen unzureichenden Überblick über das Fachgebiet besitzt, das Thema zu umfassend anlegt, ein Thema auswählt, zu dem wenig oder nur schwer zugängliche Literatur vorhanden ist oder dessen Bearbeitung Spezialwissen erfordert, das er sich erst aneignen müßte.
Wenn also die Wahl des Themas freigestellt wird, ist eine sorgfältige Vorinformation über Arbeitsmöglichkeiten notwendig, und darüber hinaus ist zu raten, das Thema hinsichtlich seiner Durchführbarkeit mit dem Fachlehrer abzustimmen.

8.5.2. Materialauswertung

Die Materialsammlung soll uns einen ersten Überblick über die für das Thema relevante Literatur verschaffen. Dieses möglicherweise umfangreiche Material bedarf der *Sichtung, Aussonderung* und *Sicherung*.
Schon während der Buchausleihe ergibt eine erste Sichtung, daß angefordertes Material sich für das Thema als nicht geeignet erweist. Diese Bücher kann man sofort zurückgeben und von seiner Literatur-Such-Liste streichen. Dies empfiehlt sich auch deswegen, damit Sie nicht zu Hause vor dem Bücherberg kapitulieren und um die Bücher anderen Benutzern zugänglich zu machen. Die Literatur, die sich nach der ersten Sichtung als brauchbar herausstellt, bedarf der weiteren Bearbeitung und Auswertung. Hierbei heißt es, ein System zu entwickeln:

Nicht sofort lesen, sondern sich einen Überblick verschaffen anhand

- **des Inhaltsverzeichnisses**
- **des Vorwortes**
- **der Kapitel- und Gesamtzusammenfassungen**

(Vgl. Kapitel 7.1. Lesemethoden.)

Fragen stellen

Welche Teile, Kapitel oder Seiten des Buches geben auf die vom Thema aufgeworfenen Fragen Antwort?

Lesen im Überblick

Das überblickartige Lesen ermöglicht die Beantwortung der Frage, ob die als wichtig vermuteten Kapitel/Seiten auch wirklich für das Thema in Betracht kommen. Ist das eindeutig nicht der Fall, sondert man das Buch aus der weiteren Bearbeitung aus.
Im Zweifelsfalle wird man zur Sicherung einen Vermerk mit genauen bibliographischen Angaben anlegen und die Hauptgedanken der möglicherweise in Frage kommenden Kapitel oder Seiten notieren.

Sobald man beim Lesen Klarheit darüber gewinnt, welche Gedanken oder Quellen man zur Bearbeitung des Themas heranziehen muß, bedarf es Überlegungen, wie man auf zweckmäßige Weise die *gesammelten Informationen sichern* kann. Als zweckmäßig haben sich in jedem Falle lose Blätter erwiesen, die am Ende der Stoffsammlung nach Stichworten einander zugeordnet werden, einen Überblick über das zur Verfügung stehende Material erlauben und als Bausteine für eine erste Gliederung dienen. Bei größeren wissenschaftlichen Arbeiten empfiehlt sich zu diesem Zweck die Anlage einer Schlagwortkartei (vgl. Kap. 7.2.1. Exzerpieren).

Bei Facharbeiten und Seminararbeiten geringeren Umfangs und begrenzter Literaturauswertung empfehlen wir die Anlage eines Formblattes im DIN-A-4-Format (siehe Formblatt 9, Seite 102).
Spalte I enthält Stichworte und Exzerpte, die für das Thema der Arbeit in Betracht kommen, oder in Stichworte gefaßte Gedanken zu Unterpunkten der Gliederung.
Spalte II bezeichnet die Fundstellen zu den Exzerpten mit den genauen bibliographischen Angaben und verweist auf Literatur und Fundstellen, die gegebenenfalls später bei der Erstellung des Rohentwurfs eingehender geprüft werden müssen.
Spalte III verweist auf Stichworte oder Gliederungspunkte, die mit den unter I verzeichneten Inhalten in Beziehung stehen und an anderer Stelle schon bearbeitet wurden oder noch zu bearbeiten sind. Sie dient vor allem dazu, den gedanklichen Zusammenhang herzustellen bzw. nicht aus dem Auge zu verlieren.
Spalte IV nimmt die unterschiedlichsten Bemerkungen auf: Hinweise zur Bearbeitungsfolge; kritische Anmerkungen; Gedankensplitter, die weiter verfolgt werden sollen; Assoziationen; Vermerke für Überprüfungen; Rückfragen an den Lehrer usw.
Die *Identifikationsleiste* am oberen Rand des Blattes wiederholt zum leichteren Wiederauffinden das Stichwort aus Spalte I und die Seitenzahlen.
Um der leichteren Ordnung willen sollte jedes Blatt nur ein Stichwort enthalten (Papier sparen an dieser Stelle bedeutet eine Erschwerung der Arbeit).
Umfangreiche Exzerpte oder Fotokopien werden bibliographisch identifiziert, dem entsprechenden Stichwort zugeordnet, abgeheftet oder in Sammelmappen vorläufig abgelegt.
Formblatt 9 (Seite 102) ist ein Beispiel für ein ausgefülltes Formblatt zu einem Abschnitt dieses Buches, nach dem die Verfasser gearbeitet haben.

Formblatt 9 – Zur Stoffsammlung

Stichwort: Warum Hausaufgaben? **Gliederungspunkt**			**Seite:**
I	II	III	IV
Stichworte und Exzerpte	Bibliograph. Angaben	Verweise	Bemerkungen
Warum Hausaufgaben? **Zweck** 1. **Übung:** Mathematikaufgaben **Anwendung:** Aufsätze Aufgaben 2. **Vorbereitung:** Lektüre neuer Lernstoffe 3. **Kontrolle des Lernerfolgs** für den Schüler feed-back 4. **Wiederholungsaufgaben** Behalten des Erlernten und Verankerung im Gedächtnis 5. Hinführung und Übung zu **selbständiger** Arbeit	Informationen des Kultusministeriums Skinner	 Kapitel 5 beachten Motivation Facharbeit in der Oberstufe	 Faltblatt des Kultusministeriums anfordern

8.5.3. Gliederung

Während der Literaturbearbeitung wird man allmählich zu einer gedanklichen Grobgliederung des Themas gelangen. Es empfiehlt sich, dieses schriftlich zu fixieren und je nach Lernfortschritt mit neuen Gliederungspunkten anzureichern und gegebenenfalls umzustellen. Am Ende der Literatursichtung sollte eine möglichst tiefe Gliederung stehen. Dadurch entgeht man der Gefahr, daß einzelne Kapitel der Facharbeit/Seminararbeit im Hinblick auf das Gesamtthema über- oder unterwertig abgehandelt werden. Außerdem ist die Gliederung der rote Faden, an den man sich bei der sukzessiven Bearbeitung des Themas halten kann, ohne sich in unwichtige Details zu verlieren.
Wenn man schon, ohne die Gesamtkonzeption der Arbeit strukturiert zu haben, bei der Sichtung des Materials Teile ausformuliert, läuft man Gefahr, diese Texte deswegen umarbeiten zu müssen, weil die endgültige Konzeption eine andere Schwerpunktbildung oder Gedankenführung erfordert.
Wenn auch die endgültige Gliederung in der Regel am Ende der Stoffbearbeitung zustande kommt, kann man dennoch um der zielgerichteten Arbeit und der sinnvollen Arbeitstechnik willen auf eine vorläufige Gliederung zu einem möglichst frühen Zeitpunkt nicht verzichten.

Der Aufbau der Arbeit, der seinen Ausdruck in der Gliederung findet, wird nach Fächern und Themenstellung unterschiedlich sein. Bei Themen aus *geisteswissenschaftlichen Fächern* wird man sich im wesentlichen an die im Deutschunterricht vermittelten Gliederungskriterien anlehnen können.
Arbeiten aus *naturwissenschaftlichen Disziplinen,* vor allem experimentelle Arbeiten, können folgende *Aufbauelemente* enthalten:
- Darstellung des Themas in Lehrbüchern und in der Literatur,
- Beschreibung des Untersuchungsobjektes, Materials etc.,
- Bedingungen und Methoden der Untersuchung,
- Durchführung der Untersuchung,
- Untersuchungsergebnisse,
- Diskussion der Ergebnisse (evtl. Gegenüberstellung zur Literatur) und weiterführende Probleme,
- Schlußfolgerungen und Zusammenfassung,
- Literaturverzeichnis,
- evtl. Materialteil mit Tabellen, Abbildungen, Diagrammen, graphischen Darstellungen,
- Verzeichnis anderer Hilfsmittel (Geräte, Meßinstrumente).

Da die Gliederung die Grobskizze und den roten Faden der Arbeit darstellt, an der sich Bearbeiter und Leser orientieren, bedarf ihre Erarbeitung besonderer Sorgfalt. Um Fehler auszuschalten, schlagen wir eine Kontrolle anhand der *Checkliste* auf Seite 104 vor:

Formblatt 10 – Checkliste Gliederung

Beurteilungskriterien	Korrekturen
1. **Umfang der Gliederung** – zu umfangreich – zu differenziert – zu knapp, zu wenig differenziert (z. B. nur Hauptpunkte) 2. **Gliederungslogik** Stehen die Gliederungspunkte mit den über-, gleich- und untergeordneten in einem logischen Zusammenhang? Häufige Fehler: Gleichsetzung von untergeordneten und übergeordneten Gliederungspunkten z. B. III ... 1 ... 2: fehlt 3. **Klassifikation** Ist **ein** Klassifikationssystem einheitlich und logisch durchgehalten? Fehlerbeispiel: I, 1 I, 2 II, 1 **II, b** 4. **Korrelation von Überschrift und Inhalt** Entspricht die Überschrift dem Inhalt? Bringt die Überschrift den Hauptgedanken richtig zum Ausdruck? 5. **Korrelation von Gliederung und Text** Werden die in der Gliederung aufgeführten Punkte auch im Text behandelt? 6. **Stil** Sind die einzelnen Gliederungspunkte stilistisch einheitlich formuliert?	

8.5.4. Niederschrift

Eine gute Gliederung bildet das Gerüst der Arbeit, das in der ersten Niederschrift mit Inhalten ausgefüllt werden muß. Zudem ermöglicht die Gliederung die wahlweise Bearbeitung einzelner Kapitel, d. h. man muß sich bei der Niederschrift nicht unbedingt an die Reihenfolge der Gliederungspunkte halten. Oft ist es sogar zweckmäßig, das oder die Kapitel zunächst zu bearbeiten, die man besonders gut zu beherrschen glaubt, deren Literatur man vollständig bearbeitet hat und für die man besonders motiviert ist.

Ob man unter diesen Voraussetzungen bereits endgültig, auch stilistische Feinheiten beachtend, formuliert oder ob man in einem Zuge „darauflosschreibt", hängt vom persönlichen Arbeitsstil ab.

Während ersteres den Schreibfluß hemmen kann, liegt der Nachteil der zweiten Form darin, daß sie einen größeren Zeitaufwand zur Korrektur verlangt.

Bei der Abfassung des handschriftlichen Manuskripts sollte man im Hinblick auf spätere Korrekturmöglichkeiten — in besonderem Maße trifft dies für den letzteren Fall zu — darauf achten, daß

- **nur einseitig**
- **DIN-A-4-Bögen beschrieben werden;**
- **die Blätter mit einem ausreichenden Korrekturrand versehen werden;**
- **die Bögen fortlaufend numeriert werden;**
- **durch Übernahme der Gliederungspunkte ins Manuskript eine spätere Umordnung der einzelnen Kapitel oder Abschnitte möglich bleibt;**
- **am unteren Seitenende ausreichend Platz für Fußnoten und Anmerkungen gelassen wird und diese auf jeden Fall sehr sorgfältig und genau übernommen werden.**

Wenn die vorläufige Fassung der ersten Niederschrift erfolgt ist, lassen Sie die Arbeit einige Tage ruhen, um Abstand zu gewinnen, damit Sie dann kritisch die erste Überarbeitung vornehmen können. Bei der Überarbeitung ist auf folgende Punkte zu achten:

Logische und überzeugende Gedankenführung

— Sind die Gedanken themenbezogen oder schweifen sie auf Nebengebiete ab?
— Werden einmal begonnene Gedanken logisch zu Ende geführt?
— Kann man die Deutlichkeit der Gedankenführung durch Beispiele, Zitate, Tabellen, graphische Darstellungen oder Bilder erhöhen?
— Sind die Inhalte des behandelten Abschnittes genau auf dessen Überschrift bezogen?
— Sind die durch das Thema gegebenen Schwerpunkte erkannt und richtig gesetzt?

Logisch strukturierter und übersichtlicher Aufbau

— Bildet die Abfolge der Kapitel bzw. deren Untergliederung eine logische Kette?
— Sind die einzelnen Kapitel und Abschnitte inhaltlich und in der äußeren Anordnung deutlich voneinander abgehoben?
— Ist die Länge der Kapitel ihrer Bedeutung angemessen?
— Sind die Übergänge zwischen Abschnitten und Kapiteln so gestaltet, daß der Lesefluß nicht durch unmotivierte Gedankensprünge gestört wird?

Themengerechte Sprachhaltung

Facharbeiten nähern sich in der Regel der wissenschaftlichen Fachsprache an, die sich durch Sachlichkeit, Definitionsklarheit und — vor allem in den naturwissenschaftlichen Fächern — durch Knappheit auszeichnet. Sachlicher Stil ist nicht zu verwechseln mit sprachlicher Einfallslosigkeit. Man achte deshalb auf:

— Präzision und Abwechslung in der Wortwahl (Synonymwörterbuch),
— Anschaulichkeit in der Darstellung,
— grammatische Richtigkeit,
— Angemessenheit in der stilistischen Gestaltung: Beachte die Stilregeln des Deutschunterrichtes!

Formale Richtigkeit

Als Selbstverständlichkeit wird erwartet, daß sich die Facharbeit an den Normen der üblichen Rechtschreibung und Zeichensetzung orientiert. Maßstab hierfür ist die jeweils letzte Ausgabe des „Duden". Fehler in der Orthographie mindern die Qualität der Arbeit und gehen bewußt oder unbewußt, wie übrigens auch sprachliche Mängel, in die Bewertung ein.
Deshalb lohnt es sich, die Arbeit nach der Niederschrift eigens auf diese Gesichtspunkte hin zu überprüfen.
Die im Sinne einer solchen Korrektur stilistischer und orthographischer Mängel in Anspruch genommene Hilfe stellt keinen Verstoß gegen die Forderung nach selbständiger Anfertigung der Arbeit dar, wie sie im übrigen die eidesstattliche Erklärung verlangt.

Nach der Durchsicht des ersten handschriftlichen Entwurfs nach den vier genannten Kriterien wird häufig eine kapitelweise oder gesamte neue Niederschrift notwendig sein.
Als Unterlage für die maschinenschriftliche Reinschrift sollte der letzte Entwurf weithin fehlerfrei und schematisch in Maschinenschrift übertragbar sein. Wenn infolge eines unübersichtlichen Manuskripts Fehler in die Reinschrift übertragen werden, ist deren Korrektur zeitraubend, für den ungeübten Schreiber enervierend, und die Sauberkeit des Manuskripts wird beeinträchtigt. Konsequenz: Das letzte Manuskript muß so angelegt sein, daß man es mühelos in die Reinschrift übertragen kann. Das Original wird abgegeben. Eine Durchschrift bleibt beim Verfasser.

8.5.5. Äußere Form der Facharbeit

Die endgültige Fassung der Facharbeit enthält folgende Bestandteile:

- **Einband**
- **Deckblatt**
- **Titelblatt**
- **Inhaltsverzeichnis/Gliederung**
- **Vorwort/Einleitung**
- **Abhandlung**
- **Literaturverzeichnis**
- **Anhang**
- **eidesstattliche Erklärung.**

Bei den Formalien orientiere man sich zunächst an den schulspezifischen Anforderungen oder Gepflogenheiten (den zuständigen Referenten fragen!).

Im allgemeinen können folgende Hinweise hilfreich sein:
Als *Einband* eignen sich Schnellhefter, Klarsichthüllen oder Klemmhefter, gefälliger ist — vor allem bei größeren Arbeiten — ein einfacher Pappeinband, den man mit etwas Geschick selbst machen kann oder in Druckereien oder beim Buchbinder preiswert erhält. (Wer die Technik des Buchbindens zum ersten Mal anwendet, sollte sich tunlichst zunächst an leeren Blättern versuchen.)
Vor das Titelblatt gehört ein unbeschriebenes *Deckblatt,* das der Aufnahme der Regularien (z. B. Eingangsstempel, Vermerke) dient.

Das *Titelblatt* der Facharbeit enthält:
- Name der Schule
- Fach
- Thema (Großbuchstaben und Leertaste)
- Name und Amtsbezeichnung des Referenten (das ist der die Arbeit betreuende Fachlehrer)
- Name des Verfassers (Schülers) mit Klassenstufe
- Abgabedatum.

Zur Anordnung der Elemente des Titelblattes vergleiche die nachfolgenden Formblätter 11 und 12, von denen das erste bündig, das zweite zentriert gestaltet ist. Deckblatt und Titelblatt werden nicht numeriert.

Wie man ein *Inhaltsverzeichnis* formal übersichtlich gestaltet, zeigt Ihnen das Inhaltsverzeichnis zu diesem Buch. Achten Sie auf:
- Hervorhebung der Kapitelüberschriften
- eingerückte Unterabschnitte
- bündige Anordnung einander gleichrangiger Zahlen und Abschnitte
- unterschiedliche Zeilenabstände, die den Stellenwert der Gliederungspunkte andeuten
- richtige Reihenfolge der Gliederungselemente (s. o.)
- genaue Seitenangaben.

Das Inhaltsverzeichnis wird mit römischen Zahlen markiert.

Zur formalen Anlage von *Vorwort, Einleitung,* der eigentlichen *Abhandlung, Literaturverzeichnis* und *Anhang* vgl. oben.

Der fortlaufende Text von *Vorwort, Einleitung* und *Abhandlung* wird mit 1$^1/_2$-zeiligem Abstand maschinenschriftlich geschrieben.
Achten Sie darauf, einen ca. 2 bis 3 cm breiten Heftrand auf der linken Seite und einen ca. 5 cm breiten Rand rechts für Korrekturen des Referenten auszusparen.
Die *eidesstattliche Erklärung,* die die Arbeit beschließt, hat folgenden Wortlaut:

Eidesstattliche Erklärung
Hiermit erkläre ich an Eides statt, daß ich die vorliegende Arbeit selbständig und nur mit den angegebenen Hilfsmitteln angefertigt habe.

Ort, Datum
Unterschrift

Ein beinahe überflüssiger, aber sich aus der Prüfungspraxis ergebender Ratschlag geht dahin, vor einem evtl. Kolloquium über die Arbeit, diese noch einmal zu lesen und sich die wesentlichen Ergebnisse ins Gedächtnis zu rufen.

Formblatt 11

Staatliches Gymnasium ....

Fach: ....

THEMA MIT GROSSBUCHSTABEN UND LEERTASTE

Referent: Oberstudienrat ....

vorgelegt von:

....

Klasse .... Kurs ....

Abgabedatum ....

Formblatt 12

Staatliches Gymnasium

Fach:

....

THEMA MIT GROSSBUCHSTABEN UND LEERTASTE

Referent: Oberstudienrat

....

vorgelegt von:

....

Klasse .... Kurs ....

Abgabedatum ....

9. Mündliches Referat

„Die Rede ist keine Schreibe."
Viele Schüler kennen die unbefriedigenden Ergebnisse, wenn einer ihrer Mitschüler gehalten ist, über ein bestimmtes Thema zu referieren und nichts anderes als einen schlechten Vorlesungsmonolog bietet. Dieser besteht im wesentlichen darin, daß ein schriftlich ausformulierter Text ohne Hörerbezug und ohne zusätzliche Verstehenshilfen vorgelesen wird. Der Lernerfolg ist völlig einseitig, da nur der Referent durch die vertiefte Beschäftigung mit der Materie einen Erkenntniszuwachs gewinnt und die frustrierten Zuhörer leer ausgehen. Dieser Mißerfolg beruht auf einer nicht überlegten Übertragung von Elementen der schriftlichen Kommunikation auf die mündliche.
Das mündliche Referat fordert aber gerade die Fähigkeit, situationsbezogen, unter aktiver Einbeziehung des Zuhörers und ohne ausformulierten Text seine Gedanken zu entwickeln. Eine solche „Fähigkeit situativ gesteuerten, hörerbezogenen Entwickelns von Denken im Sprechen und durch das Sprechen ist das *Sprechdenken*[16]".
Alle Regeln, die man bei der Planung, Vorbereitung und Darbietung eines mündlichen Referates beachten muß, orientieren sich an den Prinzipien des Sprechdenkens. Dieses bezweckt eine hörer- und situationsbezogene mündliche Kommunikation.

Wir beschränken uns in diesem Kapitel auf den *belehrenden, informativen* und *zum Mitdenken anregenden sachorientierten* Vortrag. Deshalb bleiben andere, vor allem persuasive Redeformen, z. B. Meinungsrede und Agitationsrede, außer acht[17].

9.1. Planung des Referats

Facharbeit und Referat in dem oben beschriebenen Sinne sind in ihrem Gehalt und Informationswert grundsätzlich gleich, unterscheiden sich aber wesentlich in der Art der Darstellung und Darbietung.
Deshalb kann für die *Themenwahl* und *Materialsammlung* auf die entsprechenden Ausführungen zur Facharbeit (Kap. 8) hingewiesen werden.
Im Unterschied zur Facharbeit ist aber bei der *Strukturierung* und *Aufarbeitung* des Materials für ein Referat neben den vom Stoff vorgegebenen Gliederungsgesichtspunkten immer der Hörer in die Überlegungen miteinzubeziehen. Dabei erweisen sich drei grundlegende Überlegungen als notwendig: nach dem *Ziel des Referats*, der *gedanklichen Abfolge* und dem *Einstieg*.

[16] Geißner, Helmut: Rhetorik, bsv-Studienmaterial, München (Bayerischer Schulbuchverlag) 2. Aufl., 1974, S. 121 (Hervorhebung durch die Verfasser).

[17] Vgl. Geißner, Helmut: Rhetorik und politische Bildung, Kronberg (Scriptor) 1975, S. 132 ff.

Ziel

Der Aufbau des Referates hat auszugehen von dem Ziel, das mit dem Referat erreicht werden soll, d. h. die Vorbereitung verläuft genau umgekehrt wie der Vortrag, in welchem das Ziel am Ende als Ergebnis erscheint. Aufgrund seiner sachlichen Vorinformation und seines Kenntnisstandes muß der Referent in der Lage sein, den wesentlichen Kern seines Referates zu bestimmen und pointiert in einem bündigen Satz *(Zwecksatz)* zu formulieren. Dabei ist zu beachten, daß die meisten Themen ein Problem, eine Frage oder einen kontrovers beurteilten Sachverhalt implizieren, den es aufzudecken, zu klären oder zu beurteilen gilt. So enthält beispielsweise das Thema „Interessenverbände in der Bundesrepublik Deutschland" versteckt die Frage nach der Beurteilung ihrer Rolle, eine Frage, die je nach staatsrechtlichem Standpunkt unterschiedlich beurteilt werden kann.
Von dem Ziel, zu dieser Frage Stellung zu beziehen, leitet sich die gedankliche Abfolge, die den Hauptteil des Referates bildet, ab.

Gedankliche Abfolge

Hilfreich zur Klärung und zur logischen Ordnung der Gedanken auf das Ziel hin können die folgenden Leitfragen sein:

- **Was will ich darlegen, erklären, beweisen oder widerlegen?**
- **Welcher Mittel kann ich mich dazu bedienen? Argumentation, Darstellung und Beschreibung, Experimente, Veranschaulichungen über Medien.**
- **Welches Material aus der Stoffsammlung ist im Hinblick auf das Ziel des Referates von Bedeutung?**
- **Welche Thesen, Argumente, Beispiele, Gesichtspunkte oder Versuchsergebnisse sind methodisch notwendige Schritte auf dem Weg zum Ziel?**
- **Welche Gedanken will ich besonders herausstellen?**
- **Wie ordne ich die zu behandelnden Punkte an, damit sie folgerichtig und überzeugend zum Ziel hinführen?**

Der Einstieg

Der Einstieg in das Referat ist der letzte Teil der Planung. Er ergibt sich aus den situativen Bedingungen — Erwartungen, Vorkenntnissen und dem Vorverständnis des Hörerkreises einerseits und den ihnen korrelierenden Aspekten des Themas andererseits.
Der Einstieg kann verschieden gestaltet werden, sollte aber auf jeden Fall folgendes zu erreichen suchen:

- **zum Thema hinführen**
- **Interesse wecken**
- **Motivation erzeugen**
- **zum Mitdenken anregen.**

Versetzen Sie sich in die Rolle des Zuhörers und überlegen Sie, wodurch Ihre Aufmerksamkeit für ein Thema erweckt werden könnte. In der Praxis hat sich häufig eine indirekte Hinführung zum Thema, die einen unerwarteten Aufmerksamkeitseffekt erzeugt, bewährt.

„Der Philosoph und Revolutionär Karl Marx wurde 1818 in Trier geboren. Er besuchte das Friedrich-Wilhelm-Gymnasium . . ."

Schwer wird der Referent es haben, mit dieser Einleitung die Aufmerksamkeit seiner Zuhörer auf sich zu lenken.

Anders klingt dieser Einstieg:

„Wie würde die Welt heute aussehen, wenn Karl Marx seinen ursprünglichen Lebensplan ausgeführt hätte? Der junge Marx hält sich nämlich für einen geborenen Dichter, und es sind auch einige Erzeugnisse seiner Muse auf uns gekommen. Sie tragen hochpoetische Titel, etwa ‚Lied der Elfen', ‚Lied der Gnomen' oder ‚Lied der Sirenen'; kurz: es ist eitel mythologischer Singsang. Ein besonders herzerweichendes, wenn auch tieftrauriges, Gedicht ist betitelt: ‚Schicksalstragödie.' Es lohnt sich, daraus einige Strophen zu zitieren:

‚Das Mägdlein steht da so bleich,
so stille und verschlossen;
die Seele, engelweich,
ist trüb und verdrossen . . .

Sie war so fromm, so mild,
dem Himmel ergeben,
der Unschuld seliges Bild,
das Grazien weben.

Da kam ein Ritter her
auf prunkendem Rosse,
im Auge ein Liebesmeer
und Glutgeschosse.

Das traf so tief in die Brust;
doch er zog von dannen,
hinstürmend in Kriegeslust;
nichts mag ihn bannen.'

Aber Marx findet auch andere Töne:

‚Die Welten heulen ihren eigenen Totengesang, und wir sind die Affen eines toten Gottes.'" [18]

[18] Weischedel, Wilhelm: Die philosophische Hintertreppe. 34 große Philosophen im Alltag und Denken, Darmstadt (Wissenschaftliche Buchgesellschaft) 1973, S. 297.

9.2. Vorbereitung der freien Rede

Der mündliche Vortrag ist eine wertvolle Übung im Hinblick auf spätere Redesituationen. Weil die Rede in Studium, Beruf und im öffentlichen Leben als Mittel der Informationsweitergabe, der Überzeugung und zur Durchsetzung der eigenen Interessen eine wichtige Rolle spielt, sollten Sie die Gelegenheit zur freien Rede so oft wie möglich nutzen, um sich darin zu üben.
Wir sprechen hier ausdrücklich von der freien Rede bzw. vom Sprechdenken und warnen davor, in alte Verhaltensweisen zurückzufallen und vorformulierte Texte zu verlesen, weil das den Hörerbezug verhindert.

Die Vorbereitung eines mündlichen Referates erfordert mindestens den gleichen Arbeitsaufwand wie das Ausformulieren eines Textes, da nicht die Arbeit geringer, sondern nur die Technik eine andere ist. Unter der Voraussetzung, daß Sie sich klargeworden sind über:
— das Ziel des Referates
— die Struktur der gedanklichen Abfolge
— den möglichen Einstieg ins Thema
— Einordnung des Themas in den Unterrichtszusammenhang
— Vorkenntnisse und Voreinstellungen der Zuhörer
— Erwartungen und Interessenlage der Zuhörer,

kann nun die Vorbereitung der freien Rede in ihrer Feinstruktur beginnen. Diese besteht im wesentlichen in der *Zuordnung der Einzelelemente* zueinander, der *Einübung* und *Korrektur* sowie der Anlage eines *Stichwortzettels.*

Als Orientierungshilfe für diese Vorbereitungsarbeit geben wir Ihnen 10 Regeln an die Hand:

1. Formuliere den *Kerngedanken* des Referates möglichst kurz und bündig!
2. Entwickle aus der Materialsammlung und -verarbeitung stichwortartig eine *logische Gedankenabfolge* auf den Kerngedanken hin!
3. Ordne die Gedanken in einem vorläufigen *Stichwortzettel*, der aus einem Gedankenflußplan oder einem Sinnschritt-Diagramm besteht!
4. Suche *Argumente, Belege, Zitate, Beweise, Beispiele zu* den Stichworten bzw. Sinnschritten und notiere sie einzeln auf Karteikarten oder losen Blättern!
5. Formuliere *Definitionen, wichtige Überleitungen* oder *Kernsätze* aus und sortiere sie ebenfalls auf Karteikarten oder losen Blättern!
6. *Erster lauter Sprechversuch,* nach Möglichkeit mit Tonbandkontrolle. Er dient der Feststellung von Lücken, Gedankensprüngen, Formulierungsschwierigkeiten, Wortwiederholungen, Schwächen der Syntax und Mängeln in der Diktion. Fehler anhand des Tonbandprotokolls im Stichwortzettel anmerken.
7. *Korrigiere* die aufgetretenen Fehler!
8. Einsatz von *Medien* und *Verstehenshilfen* (z. B. Dias, Tafelanschriften, Umdrucke mit Zahlenmaterial, Tabellen, Graphische Darstellungen) einplanen und im Stichwortzettel vermerken.
9. *Endgültigen Stichwortzettel* aufstellen und mit Karteikartensammlung und Medieneinsatz koordinieren.
10. *Zweiter Sprechversuch* (ggf. weitere) auf Tonband oder vor Familienangehörigen und weitere Korrekturen.

Für den wenig geübten Redner ist es oft notwendig, die Sequenzen 6—10 mehrfach in Zeitabständen zu wiederholen, um Sicherheit zu erlangen. Deshalb sind für die Planung ausreichende Zeitreserven vorzusehen.

Beispiele für Stichwortzettel

Stichwortzettel in Form eines Gedankenflußplanes (vgl. Kap. 11.4).
Text und daraus entwickelter Stichwortzettel in Form einer abgetreppten Sinnschrittfolge (siehe Seite 114—117).

IV. Die Aufgaben der Verbände im öffentlichen Leben

1. Totalitäres und demokratisches Funktionsverständnis

Die Funktionen der Verbände lassen sich nur bestimmen aus den Strukturen und Gesetzlichkeiten der Herrschafts- und Gesellschaftsordnung, in deren Rahmen sie wirken. In totalitären Staaten mit ihrem starken Bedürfnis nach absoluter Vereinheitlichung weist die herrschende Schicht den Verbänden die Rolle zu, als „Transmissionsriemen" (Lenin) am Gleichschaltungsprozeß mitzuwirken, das heißt ihre politischen Absichten und ideologischen Leitlinien der Gesellschaft zu vermitteln und einzupflanzen. In unserer parlamentarisch-demokratischen Ordnung vollzieht sich dagegen der politische Entscheidungsprozeß, der die Gesellschaft gestaltet und verändert, in einem „offenen Stromkreis der Macht" (Loewenstein), auf der Basis eines Willensbildungsvorgangs, in dem die vielfältigen Meinungs- und Interessengegensätze der pluralistisch strukturierten Gesellschaft, des politischen, wirtschaftlichen und sozialen Lebens in einem von rationalen Spielregeln beherrschten Konkurrenzkampf sich darstellen und zum Austrag kommen. Dieser demokratische Prozeß definiert die Aufgaben der Interessenorganisationen, die im folgenden katalogartig genannt werden sollen.

2. Verbandsfunktionen im demokratischen Regierungssystem

● Interessenverbände leiten „den Prozeß der öffentlichen Meinungsbildung darüber ein, welche Interessen überhaupt politische Berücksichtigung finden können und sollen" (Francis), d. h. sie leisten die Aufgabe der Interessenartikulation in einer stark differenzierten Gesellschaft.

● Interessenverbände wirken als Kommunikationskanäle, welche gesellschaftliche Interessen und Forderungen in das politische System leiten, in dem gesellschaftsgestaltende Entscheidungen getroffen werden. Anders ausgedrückt: Die wesentlichste Aufgabe von Interessenverbänden besteht in der Einflußnahme auf Amtsträger, die Entscheidungen treffen können. Einflußnahme ist immer dann erforderlich, wenn eine Gruppe nicht in der Lage ist, die von ihr gewünschte Entscheidung selber zu treffen, weil die Kompetenz für die Entscheidungsfällung bei einer anderen Institution liegt.

Durch Sachberatung und Informationsvermittlung tragen die Interessenverbände zur Richtigkeit und Akzeptierbarkeit politischer Entscheidungen bei, erleichtern sie das Bemühen, staatliche Normsetzung an gesellschaftlichen Realitäten und Notwendigkeiten auszurichten. Wenn etwa Landesregierung und Landesparlament eines Bundeslandes ein neues Schulverwaltungsgesetz planen, werden sie sich dabei auch an den Wünschen und Interessenlagen der davon Betroffenen (Lehrer, Eltern, Schüler usw.) orientieren, weil nur bei breitem Einverständnis die gesetzliche Norm dauerhaft respektiert wird.
Politische Entscheidungen in einem demokratisch verfaßten Gemeinwesen kommen im allgemeinen zustande in einem komplizierten Willensbildungsprozeß, bei dem die Beteiligten auch zum Kompromiß und Interessenausgleich bereit sein müssen, weil ihre Forderungen auf Gegenpositionen stoßen. Wo die gesellschaftlichen Organisationen den pragmatischen Ausgleich verwerfen, wo sie starr auf ideologische Positionen und partielle Interessen fixiert sind, können Entscheidungen nicht mehr gefällt oder nur noch in Form gewaltsamer Lösungen getroffen werden. Aus diesem Lebensgesetz der Demokratie ergeben sich weitere Verbandsfunktionen:

● Interessenverbände sollen die politische Entscheidungsfindung erleichtern, indem sie Interessen aggregieren und ausgleichen, sei es im Rahmen einer gesellschaftlichen Gruppe, sei es zwischen verschiedenen Gruppen.

Der Bundesverband der Deutschen Industrie (BDI) zum Beispiel kann nur dann seine Forderungen kollektiv und wirksam darstellen, wenn er zuerst den Kompromiß zwischen den in ihm vertretenen Fachverbänden geleistet hat: so gibt es etwa bei der Alternative „Schutzzoll oder Freihandel" Interessengegensätze zwischen Rohstoffproduzenten und Verarbeitern, in der Frage „Aufwertung oder Abwertung" Gegensätze zwischen export- und importintensiven Branchen, im Bereich der Energiepolitik Differenzen zwischen Kohle und Erdöl.
Die Tarifpartner, also die Arbeitgeberverbände und die Gewerkschaften, müssen eigenständig für beide Seiten akzeptable Kompromisse finden, wenn sie die ihnen auf dem Gebiet der Lohntarife, Arbeitsbedingungen und sozialen Selbstverwaltung anvertrauten öffentlichen Aufgaben erfüllen wollen; das Funktionieren unserer soziopolitischen Ordnung hängt weitgehend davon ab, daß die organisierten Interessen sich miteinander verständigen, ohne staatlichen Institutionen die letzten Entscheidungen zuzumuten.

● Interessenverbände nehmen auch sozialpädagogische und mitgliedsfördernde Funktionen wahr.
Verbandsleitungen bemühen sich, radikale Forderungen einzelner Mitglieder zu entschärfen. Sie bringen staatliche Maßnahmen durch Belehrung

(Publikationen, Tagungen etc.) den Mitgliedern nahe (man denke etwa an die im Zeichen der Vollendung der EWG sich rasch ändernden Außenhandelsbestimmungen). Sie suchen durch Beobachtung des Marktes neue Entwicklungen rechtzeitig zu erkennen und informieren die Mitglieder darüber. Sie lassen den Mitgliedern betriebswirtschaftliche, steuerrechtliche, handelsrechtliche und technische Beratung angedeihen und unterhalten ein umfangreiches Ausbildungs- und Fortbildungswesen.

3. Interessenverband und politische Partei

Zusammenfassend kann man sagen, daß Interessenverbände die *gesellschaftlichen Teilinteressen zur Geltung bringen* sollen. Dies erscheint einem Politikverständnis legitim, dem der Staat nicht Selbstzweck, vielmehr Institution zur Erfüllung der von der Gesellschaft gesetzten Zwecke ist. Von dieser Feststellung her läßt sich auch die Trennungslinie ziehen zu der *politischen Partei,* die im Gegensatz zum Interessenverband an die Allgemeinheit appelliert, sich potentiell mit allen Angelegenheiten des Staates befaßt, ein universelles Interesse bezeugt und eine politische Gesamtverantwortung, legitimen Besitz oder Beteiligung an der direkten Machtausübung im Staat anstrebt.

Der umfangreiche Katalog von Aufgaben wirft die Frage auf, mit welchen rechtlichen Möglichkeiten die Interessenorganisationen ihre Verwirklichung anstreben und wie dies in der politischen Wirklichkeit vor sich geht."[19]

[19] Entnommen aus: Informationen zur politischen Bildung, Heft 145, Neudruck 1974, S. 7–8

Die Aufgaben der Verbände im öffentlichen Leben (Stichwortzettel)

jeweilige Herrschafts- und Gesellschaftsordn.

- → Strukturen und Gesetzlichkeiten

  Funktionen der Verbände

- totalitäre Staaten
  - absolute Vereinheitlichung
    - Verb.: Mitwirkung am Gleichschaltungsprozeß
      - pol. Absichten
      - ideol. Leitlinien
      - Gesellsch. vermitteln u. einpflanzen.

- parlamentarisch demokratische Ordnung
  - pluralistisch struktur. Gesellsch.
    - Meinungsvielfalt
    - Interessengegensätze — politisch, wirtschaftlich, sozial
      - → Konkurrenzkampf — rationale Spielregeln
        - → Willensbildung — rationale Spielregeln

?

Verbandsfunktionen
- Interessenartikulation
- Kommunikationskanal
  - Sachberatung + Information (= Interessen + Meinungen)
    - zu Entscheidungsträger
      - Einflußnahme auf Entscheidungen = Interessenausgleich, Kompromiß
        - Richtigkeit (= gesellsch. Interessen Notwendigk.)
        - Akzeptiertheit durch Betroffene
        - → gesetzl. Norm dauerhaft respektiert

- Interessenaggregation u. -ausgleich
  - innerhalb
    - z. B. BDI
    - gesellsch. Gruppen
  - zwischen
    - gesellsch. Gruppen
    - z. B. Tarifpartner
      - ~~staatliche Entscheid.~~
- sozialpädagogische Funktion u. Mitgliederförderung
  - Entschärfen Radikalforderung Einzelmitglieder
  - staatliche Maßnahmen nahebringen
  - Ausbildung und Fortbildung

Σ Verband ↔ pol. Partei

- Verband
  - gesellsch. Teilinteressen
    - zur Geltung bringen
- pol. Partei
  - Appell an Allgemeinheit
  - universelles Interesse
  - direkte Machtausübung

? | rechtliche Möglichkeiten / tatsächliches Arbeiten — Verbände in BRD |

(Bearbeiter: H. G. Leuk)

Erläuterungen

1. Linien, Striche und Pfeile ordnen jeweils aufeinander bezogene Sätze oder Begriffe einander zu.
2. Abgetreppte Anordnung markiert Abhängigkeit und Unterordnung; gleicher Randabstand bedeutet Gleichrangigkeit.
3. Umrahmungen kennzeichnen zentrale Aussagen oder Fragestellungen.
4. Durchstreichungen: Nicht–Zutreffendes; Gegensatz zur Meinung des Vortragenden; abzulehnende Auffassung; o. ä.
5. Σ (Summenzeichen): Zusammenfassung
6. ? : Fragen
7. ↔ : Gegensatz; Unterschied

9.3. Präsentation des Referats

Zahlreich sind die Hilfen, die ein Buch oder ein Fachaufsatz dem Leser einräumt:

— Gesamtüberblick durch das Inhaltsverzeichnis und Kapitelüberschriften
— Gliederung
— Anmerkungen
— Literaturverweise
— Möglichkeit des Zurückblätterns
— Möglichkeit, schwierige Passagen mehrfach zu lesen
— Querverweise
— Möglichkeit zusätzlicher Strukturierungshilfen (Unterstreichen)
— Formeln, Graphiken, Schaubilder.

Soll der Zuhörer eines Vortrags ähnlich effektiv Informationen aufnehmen und behalten können, müssen wir ihm ebenfalls Hilfen geben. *Dies sind andere, aber nicht weniger wirksame.*

Der Vortrag ist ein *Sprechen zu den Hörern,* nicht vor den Hörern. Dies erfordert ständigen Blickkontakt. Gespür für die Reaktionen der Zuhörer wird verhindert, wenn man sich krampfhaft an ein ausformuliertes Manuskript klammert — darum Stichwortzettel!

Den ersten Hörerkontakt stellt man mit dem *gelungenen Einstieg* her. Er muß besonders sorgfältig überlegt sein, da er Aufmerksamkeit und Motivation erzeugen soll. Häufig gelingt das besonders gut, wenn er einen nicht erwarteten Überraschungsmoment enthält. Ein verpatzter Einstieg läßt die Zuhörer abschalten, und es ist dann besonders schwer, ihre Aufmerksamkeit zurückzugewinnen.

Weil die Zuhörer nicht wie Leser Unverstandenes nachschlagen oder längere Zeit Schwierigkeiten bedenken können, muß der Vortrag von vornherein auf *größte Klarheit* angelegt sein. Diese erreicht man durch:

— Verwendung *kurzer, klarer,* möglichst aktivisch formulierter *Sätze* (im Gegensatz zu komplizierten Schachtelsätzen),
— einen kurzen Überblick über den *Aufbau* des Referates (Tafelanschrift),
— *Klärung von Begriffen,* besonders Fachbegriffen und Fremdwörtern, wenn man sie als unbekannt voraussetzen muß und sie zum erstenmal im Vortrag gebraucht,
— Vermeidung von *Gedankensprüngen* und unmotivierten *Abschweifungen,*
— gelegentliche *Zusammenfassungen* der wichtigsten Gedanken,
— variierend wiederholende *Umschreibung* komplizierter Sachverhalte,
— veranschaulichende *Beispiele.*

Wenn das Gesprochene zu kompliziert wird, spürt man dies an der Reaktion des Publikums und muß den Sachverhalt sofort variiert wiederholen. Diese Gefahr ergibt sich besonders bei den ausformulierten Teilen des Referates.

Setzen Sie zusätzliche *Verstehenshilfen* ein, um das Interesse wachzuhalten, Verstehen zu erleichtern und durch die Aufnahme über mehrere Sinneskanäle das Behalten zu verbessern:

— Dias
— Projektoren
— Wandkarten
— Modelle
— Versuchssequenzen
— Tafelanschriften
— Zeichnungen
— Filmausschnitte
— Tonbandspots
— Umdrucke.

Der *Sprachstil* muß dem Thema und den situativen Gegebenheiten angepaßt sein:

— Die Stimme muß so *laut* sein, daß jeder Zuhörer erreicht wird.
— Sprechen Sie *dialektfreies Hochdeutsch!* Ein wissenschaftliches Thema, in niederbayerischem (oder anderem) Dialekt vorgetragen, gerät leicht in die Gefahr, trotz fundierten Inhalts eher als Büttenrede denn als wissenschaftliche Information aufgefaßt zu werden.
— In Analogie zu Unterstreichungen oder Hervorhebungen im schriftlichen Text müssen wichtige Elemente durch *Modulation der Stimme, Sprechtempo* und ggf. durch *Gesten* verdeutlicht werden.

Die *Konzentrations-* und *Aufnahmefähigkeit* der Zuhörer ist bei mündlichen Vorträgen begrenzt.

— Achten Sie deshalb auf kurze *Pausen,* damit sich die Informationen setzen, der Zuhörer sie sichern und gleichzeitig Atem schöpfen kann. Dies erreichen Sie am einfachsten durch *Medieneinsatz,* der den Vortragsablauf unterbricht, ohne als willkürliche Pause empfunden zu werden.

— Die *Länge des Vortrags* soll das vorgegebene Zeitraster nicht mehr als 10 % über- oder unterschreiten, weil sonst der Unterrichtsplan gestört und der Zuhörer in seiner Erwartung getäuscht wird.
„Man kann über alles reden, nur nicht über 45 Minuten." Sollte in Ausnahmefällen durch sachliche Notwendigkeiten diese Zeit überschritten werden, muß nach 45 Minuten spätestens eine längere Pause eingeplant werden.

Die beste Hilfe zur Überwindung von *Lampenfieber* und *Nervosität* ist die gute Vorbereitung. Der dennoch verbleibende Rest ist ähnlich zu bewerten wie die Prüfungsangst. Ein mittleres Maß steigert die Motivation und die gedankliche Aktivität. Mit zunehmender Sicherheit während des Vortrags verliert auch er sich häufig. Wie kein Meister, fällt auch kein Rhetoriker vom Himmel. Meister wird man durch Übung.

10. Einzelarbeit oder Zusammenarbeit?

Das traditionelle Lernen und Lehren in Schule und Universität ist gekennzeichnet durch individuelle Lernprozesse in Unterricht und Privatstudium. Erkenntnisse sozialpsychologischer Untersuchungen zur Gruppenarbeit finden in Schule und Universität nur zögernd Eingang, während man sich in der beruflichen Praxis zunehmend die Vorteile des team-works zunutze macht [20].

Daß nach anfänglichen Bemühungen in den letzten Jahren, Gruppenarbeit auch an den Gymnasien heimisch zu machen, gegenwärtig wieder ein Trend zur Einzelarbeit festzustellen ist, hat seine Ursachen vor allem im Druck des Numerus clausus, der konkurrierendes Leistungsdenken fördert und die Entfaltung kooperativen Verhaltens hindert.

Wenn auch durch einen solchen zeitbedingten Umstand das Ziel gruppendynamischen Unterrichts gegenwärtig in den Hintergrund gerückt ist, wird man in Zukunft doch eine Tendenz zu verstärktem kooperativem Arbeitsstil feststellen können, die sich aus der Notwendigkeit der Zusammenarbeit im Berufsleben, aus methodisch-didaktischen Erfordernissen universitäter Studiengänge und aus der interdependenten Struktur der Wissenschaft selbst ergibt und auf die Schule zurückwirken wird.

Selbst wenn die Bedingungen für Kooperation in der Schule z. Z. nicht günstig erscheinen, gibt es dennoch gewichtige Gründe dafür, die Vorteile der Teamarbeit für das eigene Lernen nutzbar zu machen.

In den folgenden Abschnitten diskutieren wir Bedingungen, unter denen Gruppenarbeit gegenüber der Einzelarbeit vorteilhaft ist, und prüfen, welche organisatorischen Voraussetzungen dafür erfüllt sein müssen.

10.1. Einzelarbeit

Da Schüler Einzelarbeit gewohnt sind und in der Regel auch ihre Vorteile zu nennen wissen, kommt ihnen der Gedanke, Lernprozesse in Gruppenarbeit durchzuführen, häufig nicht.

Unbestritten gibt es eine Reihe von Situationen, in denen Einzelarbeit gegenüber der Gruppenarbeit effektiver und sinnvoller ist. Erfahrungen und Untersuchungen bestätigen die *Vorteile der Einzelarbeit* bei folgenden Lernvorträgen:

- **Aneignen von Paukstoff:** fremdsprachliche Vokabeln, grammatische Regeln, Geschichtsdaten, mathematische und naturwissenschaftliche Formeln, Gedichte, Daten und Fakten aller Art
- **Lektüre von Büchern**
- **schriftliche Ausarbeitungen** (zumindest die erste Fassung; zur Korrektur und Ergänzung kann Teamarbeit sinnvoll sein).

---

[20] Hofstätter, Peter R.: Gruppendynamik. Die Kritik der Massenpsychologie, Reinbek bei Hamburg (Rororo-Taschenbuch Nr. 38) 1957.
Krech, David; Crutchfield, Richard; Ballachey, Egerton: Individual in Society. A textbook of social psychology, New York (Mc Graw-Hill) 1962.

Im allgemeinen wird man sagen können, daß zur Einarbeitung in ein neues Stoffgebiet, über das man einen ersten Überblick gewinnen will, das individuelle Lernen Vorzüge gegenüber der Teamarbeit besitzt.

Allerdings sollte man auch die schwerwiegenden *Nachteile* ausschließlichen Individuallernens nicht übersehen:

— *Unsicherheit* bezüglich der Quantität und Qualität des Gerlernten, vor allem bei unklar umrissenen Stoffgebieten und bei Prüfungsvorbereitungen
— *fehlende Kontrolle* (feed back) des Lernerfolgs und mangelnde Kenntnis der Stofflücken
— *Lernisolation* und dadurch bedingtes Fehlen von Lernanreizen (Motivationen).

Anhand der positiven und negativen Kriterien und unter Berücksichtigung der eigenen Fähigkeit und des eigenen Willens zu kooperativem Verhalten muß jeder einzelne für sich prüfen, ob er sein individuelles Lernverhalten unter den genannten Voraussetzungen optimieren kann.

Um das Lernverhalten zu verbessern, käme es also darauf an, Vorteile kooperativen Lernens zu erkennen und zu akzeptieren und diese mit den Vorzügen des Individuallernens in sinnvoller Weise zu kombinieren und dabei gleichzeitig die Gefahren beider Arbeitsstile zu vermeiden.

10.2. Wann ist Zusammenarbeit besser?

Die Alternative zur Einzelarbeit ist also nicht die Gruppenarbeit schlechthin, sondern der situationsadäquate Kompromiß.

Um zu beurteilen, wann Zusammenarbeit angebracht ist, muß man sich über deren Vorzüge und Nachteile klarwerden.

Vorzüge der Teamarbeit liegen in der Möglichkeit zur

- **Arbeitsteilung**
- **Lernkontrolle und Korrektur**
- **Stützung der eigenen Arbeit durch die Gruppe.**

Welche konkreten Möglichkeiten ergeben sich daraus für den Schüler und Studenten?

Immer wenn es sich darum handelt, *größere Sachgebiete* aufzuarbeiten, die zwar kontinuierlich verfolgt werden, wobei jedoch die Gefahr besteht, den Gesamtzusammenhang allmählich aus den Augen zu verlieren, bietet sich zu Klausurterminen oder in der vorlesungsfreien Zeit zur Wiederholung, Sicherung und Kontrolle des Stoffes Teamarbeit an.

Besonderen Wert hat die Teamarbeit bei der *Planung* und *Vorbereitung von Prüfungen:*

— Wissenslücken können durch Interaktion der Gruppe festgestellt und aufgearbeitet werden.
— Verständnisschwierigkeiten werden aufgedeckt und geklärt.
— Unterschiedliche Deutungen und Wertungen von Sachverhalten werden bewußt gemacht.

— Die individuelle Vorbereitung wird durch die Gruppe kontrolliert. Dieses positive oder negative „feed back“ vergewissert über Lücken, Mängel und Erfolge der Prüfungsvorbereitung.
— Die Gruppendiskussion schult die besonders für mündliche Prüfungen wichtige Sprechfähigkeit und übt eine präzise, an der Fachterminologie orientierte Ausdrucksweise ein.
— Der psychologische Wert der Teamarbeit liegt in der Überwindung der Isolation individuellen Lernens und im Austausch der Lernerfahrungen und -schwierigkeiten mit den übrigen Gruppenmitgliedern. Dies kann zu einer objektiveren Einschätzung des eigenen Kenntnisstandes und gegebenenfalls auch zu einem Zuwachs an Selbstsicherheit führen.

Teamarbeit beschränkt sich nicht nur auf die Wiederholung und Prüfungsvorbereitung, sondern kann auch unter bestimmten Voraussetzungen bei anderen Formen der geistigen Arbeit sinnvoll eingesetzt werden.

Entweder gibt der Lehrer Aufgaben, die Teamarbeit erfordern (Fallstudien, Projekte, Rollenspiele, Planspiele, Felduntersuchungen usw.) oder die Aufgabenproblematik selbst legt Zusammenarbeit nahe. So ermöglichen viele Aufgaben des Schulalltags Zusammenarbeit (Übersetzungen, Mathematikaufgaben, Interpretationen usw.), wenn als Voraussetzung die Gruppenmitglieder gleichen Wissensstand, Teamfähigkeit und die Bereitschaft zur aktiven Mitarbeit einbringen.

10.3. Wann ist Zusammenarbeit erfolgreich?

Damit Zusammenarbeit erfolgreich ist, sollten unter anderem folgende Bedingungen hinsichtlich Zusammensetzung, Zielsetzung, Planung, Organisation und gruppendynamischer Faktoren angestrebt werden.

Zusammensetzung

Zur Prüfungsvorbereitung eignet sich erfahrungsgemäß als optimale *Gruppengröße* ein Team von zwei bis maximal fünf Mitgliedern. Im Studium, besonders bei Tutorenbetreuung, ist auch eine Gruppengröße von fünf bis zehn Mitgliedern akzeptabel. Die Kleingruppe von zwei bis fünf Personen ermöglicht dem einzelnen, immer den Gesamtüberblick über das Stoffgebiet und die Diskussion zu behalten, erlaubt aber dennoch eine Arbeitsteilung innerhalb des gesamten Arbeitsgebietes, bei der individuell Schwerpunkte gebildet werden können. Einzelaktivitäten können jederzeit in der Gruppe koordiniert und diskutiert werden und bleiben so für die Gruppengesamtheit überschaubar.
Neben der Größe der Gruppe spielt die *personelle Zusammensetzung* eine wichtige Rolle. Da die Gruppe kooperativ arbeiten soll, widerspricht es dem Prinzip der Kooperation, daß ein „Besserwisser“ die übrigen Partner bevormundet und in eine passive Rolle drängt.
Verfügt ein Gruppenmitglied tatsächlich über herausragende Kenntnisse, eignet es sich zum Moderator. Beherrscht es allerdings die Gruppe, sollte man möglichst frühzeitig seine Rolle diskutieren, ihn um Verhaltensänderung bitten oder ihn aus der Gruppe ausschließen, wenn er die Effizienz der Gruppe in Frage stellt.

Wenn die Mehrheit der Meinung ist, daß ein Mitglied das gemeinsame Arbeiten behindert, sollte man sich rechtzeitig zur personellen Veränderung der Gruppe entschließen. Ebenso kann auf die Dauer eine nur passive Haltung, sei es aus mangelnder Aktivitätsbereitschaft oder aus egoistischen Motiven bei solchen Mitgliedern, die nur profitieren ohne geben zu wollen, nicht toleriert werden.

Zielsetzung

Bevor die Gruppe konstituiert wird, muß eine informelle Abstimmung der potentiellen Gruppenmitglieder darüber stattfinden, welche Ziele durch Gruppenarbeit erreicht werden sollen. Diese Ziele sind hinsichtlich der Art, des Umfangs und des Anspruchsniveaus möglichst genau zu umschreiben. Erst wenn alle Gruppenmitglieder die gemeinsamen Ziele akzeptieren, ist die sachliche Basis für eine erfolgversprechende Zusammenarbeit gegeben.

Diffus ist eine Zielangabe wie „Vorbereitung auf das Abitur"; präziser muß es z. B. heißen: Die Teamarbeit konzentriert sich auf die Fächer Englisch und Französisch, orientiert sich an den in den curricularen Lehrplänen angegebenen Anforderungen und legt Stoffumfang und besondere prüfungsrelevante Schwerpunkte fest.

Planung und Organisation

Zur Arbeits- und Zeitplanung im Rahmen der Organisation verweisen wir auf die Kapitel 3.2. Organisationsmittel und Regeln zur Zeitplanung und 11. Prüfungen ohne Streß.

Zur Ergänzung sei aber auf einige Besonderheiten hingewiesen, die gerade für die Gruppenarbeit von Bedeutung sind.

Was in den vorgenannten Kapiteln zur Organisation der individuellen Arbeit vorgeschlagen wird, muß hier für die Gruppe geplant werden. Der Erfolg der Gruppe hängt nicht unwesentlich von der exakten Organisation der Gruppenarbeit ab. Es muß sowohl zeitlich wie sachlich determiniert werden, *wer, was, wann, wie* an Arbeitsaufgaben zu erfüllen hat; d. h.:

- Welche Gruppenmitglieder übernehmen im Rahmen der Zielsetzung welche Arbeitsaufgaben?
- Bis zu welchem Zeitpunkt sind diese Arbeitsaufgaben vorzulegen oder vorzutragen?
- Welche Informationen, Unterlagen, Arbeitspapiere etc. sind der Gruppe vorzulegen?
- Welcher Informationsstand ist von Sitzung zu Sitzung von jedem Gruppenmitglied einzubringen (z. B. Lehrbuch Seite ... bis Seite ...)?
- Welche Lerneinheiten sollen in den einzelnen Sitzungen diskutiert und kontrolliert werden (von Sitzung zu Sitzung festlegen)?
- Welche ungeklärten bzw. neu entstehenden Probleme müssen zusätzlich durch Lektüre oder Rückfragen (Lehrer/Professor) geklärt werden?

Es sei noch einmal darauf hingewiesen, daß die Gruppe nicht dazu geeignet ist, gemeinsam Faktenwissen einzupauken. Kenntnis der Fakten ist die Voraussetzung der Gruppenarbeit, die ihrerseits vornehmlich der Abklärung, Vertiefung und Überprüfung dient.

Damit dieser Organisationsprozeß der Gruppenarbeit wirkungsvoll durchgeführt werden kann, muß er rechtzeitig begonnen, präzise, aber flexibel geplant und so frühzeitig beendet werden, daß Zeitreserven und Möglichkeiten zur Gesamtrepetition vorhanden sind (letzteres gilt in besonderem Maße für Prüfungsvorbereitungen).

Gruppendynamische Faktoren

Außer von der Zusammensetzung der Gruppe, ihren Zielvorstellungen, ihrer Planungs- und Organisationsfähigkeit ist die Effizienz der Arbeit wesentlich von gruppendynamischen Faktoren abhängig, die sich bei der Durchführung der Arbeit einstellen.

● Kooperation und Konkurrenz

Wenn man davon ausgeht, daß die Leistung einer Gruppe größer sein soll als die Summe der Einzelleistungen, kann unter der Voraussetzung, daß nicht Paukwissen vermittelt, sondern vorhandene Kenntnisse vertieft, diskutiert und kontrolliert werden sollen, konkurrierendes Verhalten der Gruppenmitglieder untereinander nicht Sinn der Zusammenarbeit sein. Vielmehr muß es Aufgabe der Gruppe sein, zu einem kooperativen Arbeitsstil zu gelangen, bei dem das Ergebnis der gemeinsamen Arbeit insgesamt größer ist als die individuelle Leistung. Kooperativer Arbeitsstil führt zu gruppendynamischen Prozessen, die die Effizienz der Arbeit steigern, insbesondere weil er:

— die für das Lernen wichtige *Motivation* verstärkt, indem sich die Gruppenmitglieder gegenseitig unterstützen und Arbeitskrisen gemeinsam zu überwinden suchen,
— das *Engagement* für die gemeinsame Aufgabe nachhaltig erhöht,
— aus der Isolation herausführt und *Kommunikation* unter den Teammitgliedern fördert,
— *Aufgeschlossenheit* für die Meinung der anderen und die *Bereitschaft zur Korrektur* der eigenen Meinung fördert,
— die *Qualität* und *Quantität* der Gedanken, insbesondere bei der Problemlösung, steigert,
— *freundschaftliche Verhaltensweisen* bewirkt und damit auf das Gruppenklima und die Produktivität zurückwirkt.

● Beeinträchtigungen

Wenn man sich die Vorteile der Gruppenarbeit zunutze machen will, muß man um die Gefahren wissen, die die Teamarbeit nachhaltig beeinträchtigen können.
Eine besondere Gefahr besteht darin, daß die Gruppe bewußt oder unbewußt *führungslos* wird. Viele Gruppen werden deshalb als ineffizient empfunden, weil durch zeitvergeudende Auseinandersetzungen, langatmige Diskussionen und Abschweifungen vom Thema kein Lernfortschritt erzielt wird.
Jede Gruppe braucht ein Minimum an Führung. Wir schlagen Ihnen deshalb vor, zu Anfang jeder Gruppensitzung einen „Diskussionsleiter“ zu bestimmen, der die Gruppenarbeit koordiniert und die Aktivitäten der Teilnehmer so lenkt, daß das Ziel der Sitzung und die gestellte Arbeitsaufgabe auch tatsächlich erreicht werden.
Entstehende *Konflikte* und Belastungen der Gruppenatmosphäre sollten sofort diskutiert und gelöst werden.
Die Leitung der Gruppe sollte unter den Mitgliedern je nach Kompetenz für ein Thema wechseln. Der *Führungsstil* soll *demokratisch* und sachorientiert sein. Dabei werden alle Beiträge gewürdigt und sachlich auf ihre Verwendbarkeit hin diskutiert. Entscheidungen werden gemeinsam gefällt und nicht vom Leiter angeordnet. Kritik wird offen und sachlich geäußert, ohne persönlich diffamieren zu wollen.

Da jede Gruppe eine gewisse Zeit braucht, um ihren Arbeitsstil zu finden und ein entspanntes Arbeitsklima herzustellen, sollte man an die ersten Sitzungen nicht allzu hohe Erwartungen knüpfen und nicht von den ersten Erfahrungen seine weitere Mitarbeit abhängig machen.
Wenn auch die Schule primär auf Individuallernen abzielt, ist Teamarbeit unter den geschilderten Voraussetzungen eine sehr wirksame Arbeitstechnik, die die Effizienz der Lernleistung wesentlich erhöht.

Ihre Regeln und Verhaltensweisen sind lernbar und sollten wegen ihrer Bedeutung für Studium und Beruf eingeübt werden.

11. Prüfungen ohne Streß

Es scheint im Wesen von Prüfungen zu liegen, Nervosität und Aufregungen zu verursachen. Nur ganz wenige behaupten von sich, „Prüfungstypen“ zu sein, doch bei genauerem Hinsehen gibt es keinen, der nicht mit einer gewissen Nervosität in eine Prüfung geht. Und das ist auch nicht schlecht, denn ein mittleres Maß an Motivation, die sich in einer gewissen Anspannung äußert, aktiviert Reserven, die der Vorbereitung und auch dem Prüfungsergebnis zugute kommen.
Extreme Prüfungsangst ist natürlich ein psychologisches oder gar pathologisches Phänomen, das der psychotherapeutischen Behandlung bedarf. Menschen, die sich überfordert fühlen oder deren Selbstwertgefühl sich infolge innerer oder äußerer Ursachen nicht genügend entfalten kann, reagieren in dieser extremen Form nicht nur in der Schule und Universität, sondern auch im späteren Berufsleben. Hier gilt es, die tieferen Ursachen aufzudecken und zu behandeln.

11.1. Formen, Zweck und Bedeutung von Prüfungen

Zur Bewältigung der „normalen“ Prüfungsangst ist es notwendig, daß man sich über Form, Anforderung, Zweck und Bedeutung der einzelnen Prüfungen Klarheit verschafft.
Die in der Schule gebräuchlichen Prüfungsformen sind:
— Klassenarbeiten/Kursarbeiten
— Tests
— Referate
— Facharbeiten
— mündliche Prüfungen
— praktische Aufgaben

Das Abitur nimmt unter den Schulprüfungen eine besondere Stellung ein, da es sich aus mehreren schriftlichen und mündlichen Prüfungsteilen zusammensetzt, umfangreiche Stoffgebiete geprüft werden, es einen Ausbildungsabschluß und einen wichtigen Qualifikationsnachweis für Studium und Berufsausbildung darstellt.
Zweck und Bedeutung von Prüfungen lassen sich folgendermaßen charakterisieren:

Prüfungen sind Lernerfolgskontrollen.

Sie geben dem *Lehrer* Auskunft darüber, ob er die angestrebten Lernziele erreicht hat und den weiteren Unterricht auf die vermittelten Kenntnisse und Fachgebiete aufbauen kann. (Eine solche Lernerfolgskontrolle muß nicht benotet werden.)
Dem *Schüler* bietet die Lernerfolgskontrolle ein Signal, ob und wie gut er ein gesetztes Lernziel verwirklicht hat, mit der Möglichkeit
— der Selbstkontrolle
— der Selbsteinordnung in das Leistungsniveau des Kurses
— der Korrektur des Lernverhaltens und
— Feststellung und Aufarbeitung von Lücken.

Prüfungen sind Leistungskontrollen und dienen der Leistungsbewertung.

Sie haben den Zweck,
— Wissen und Kenntnisse
— Fähigkeiten und Fertigkeiten
— Urteilsvermögen und Problemlösungsverhalten

zu kontrollieren und, meist in Form einer Note, zu bewerten.

So wichtig und notwendig Prüfungen auch als Prognoseinstrumente und in ihrer Funktion, Auslesen zu treffen, sind und so schicksalsbestimmend sie auch für einzelne Schüler sein können, man sollte Prüfungserfolge und -mißerfolge realistisch einzuschätzen versuchen. Ihr Wert relativiert sich, wenn man bedenkt, daß es absolut objektive Prüfungsergebnisse nicht gibt, diese vielmehr unter anderem auch abhängig sind vom Anforderungsprofil der einzelnen Schule, des jeweiligen Lehrers, dessen Bewertungsmaßstäben und von subjektiven Faktoren. Selbst als Prognose für zukünftige Berufs- und Studienleistungen haben Prüfungsnoten nur einen beschränkten Aussagewert. Einsicht in diese Zusammenhänge geben uns neuere Untersuchungen der Lernpsychologie zur Leistungsbewertung und zur Prognosefähigkeit von Schulleistungen [21].
Aber auch jeder Schüler hat schon die Erfahrung gemacht, wie sehr seine Leistungsfähigkeit vom gesamten Lernklima, u. a. vom Lehrer, der Schulform, der Zusammensetzung der Klasse, häuslichen Bedingungen usw., beeinflußt wird.

---

[21] Ingenkamp, Karlheinz: Möglichkeiten und Grenzen des Lehrerurteils und des Schultestes; Weingardt, Erich: Der Voraussagewert des Reifezeugnisses für wissenschaftliche Prüfungen, in: Heinrich Roth (Hrsg.), Begabung und Lernen, Stuttgart (Klett), 8. Aufl., 1972.

11.2. Planung von Prüfungen

11.2.1. Langfristige Prüfungsplanung

Wenn wir uns in diesem Kapitel mit der Planung und Organisation von Prüfungen beschäftigen, dann verstehen wir darunter mehr als nur eine kurzfristige intensive „Paukphase“ vor einer Prüfung. Denn nicht diese kurzfristige Vorbereitung bestimmt wesentlich das Prüfungsergebnis, sondern

- **aktives Lernen**
- **sorgfältige Anlage, Sammlung und Ordnung von Unterlagen**
- **regelmäßige Arbeit im Arbeitsablauf.**

Das heißt z. B. für einen Schüler, der in der Regel 2 bis $2^1/_2$ Stunden für Hausaufgaben aufwendet, daß er durch Intensivierung vor Prüfungen diese Zeit höchstens um 2 Stunden erhöhen kann. Damit ist meistens die Aufnahmefähigkeit für neuen Lernstoff erschöpft. Deshalb besteht die Prüfungsvorbereitung im frühzeitigen Beginn und im rechtzeitigen Abschluß der Arbeit vor dem Prüfungstermin. Hier helfen nur Planung und Organisation, Fehleinschätzungen des Zeitbedarfs, Termindruck und Streß zu vermeiden. Aber es kommt nicht nur auf die aufgewandte Lernzeit an, sondern auf die richtige Auswahl des prüfungsrelevanten Stoffes und auf die Intensität und Qualität des Lernens. Daraus folgt, daß man erst planen und lernen kann, wenn man weiß, *was* gelernt werden muß. Auskünfte darüber geben:

- **die Lehrer**
- **Prüfungsordnungen**
- **Stoffpläne / curriculare Lehrpläne / Rahmenrichtlinien**

- **„Einheitliche Prüfungsanforderungen in der Abiturprüfung“ [22] für die einzelnen Fächer.**

Wichtig ist, daß man sich diese Auskünfte und Unterlagen sehr frühzeitig besorgt. Die Amtsblätter der Kultusministerien, die in der Regel die Prüfungsordnungen enthalten, können in den Schulsekretariaten eingesehen, fotokopiert oder über den Buchhandel bezogen werden. Ähnliches gilt für viele Lehrpläne und die einheitlichen Prüfungsanforderungen in der Abiturprüfung (soweit diese in den Bundesländern berücksichtigt werden). Letztere enthalten für viele Fächer Abiturmusteraufgaben und Bewertungsrichtlinien.
Darüber hinaus gibt es als weitere Informationsquellen Prüfungshinweise mehr inoffizieller und schulinterner Art, von denen man profitieren kann:

— Angaben der Lehrer: Eingrenzung/Differenzierung des Prüfungsstoffes; Stoffgebiete besonderer Priorität
— Hinweise über Prüfungsmodalitäten, Prüfungsstil und Ansprüche einzelner Prüfer
— Auskünfte früherer Prüflinge.

11.2.2. Mittelfristige Prüfungsplanung

Am Anfang einer gezielten Prüfungsvorbereitung sollte für jedes Fach eine Bestandsaufnahme stehen, die folgende Fragen zu beantworten sucht:

- **Welche Anforderungen (Themenbereiche) werden gestellt?**
- **Welche dieser Anforderungen beherrsche ich vollständig?**
- **Welchen Anforderungen werde ich nur teilweise gerecht?**
- **Welche Anforderungen erfülle ich nicht?**

Die Fragen — nach Fächern und Themenbereichen getrennt aufgestellt — ergeben das *Lern-Soll,* das mit der zur Verfügung stehenden Lernzeit abgestimmt werden muß *(Soll/Zeit-Abstimmung).*
Eine in dieser Weise vorgenommene Prüfungsplanung erfordert:

- **rechtzeitigen Planungsbeginn**
- **genaue Definition der geforderten Themenbereiche**
- **ehrliche Diagnose des Kenntnisstandes**
- **sorgfältige Zusammenstellung der benötigten Vorbereitungsunterlagen einschließlich der prüfungsrelevanten Kapitel und Seitenzahlen**
- **realistische Zeitbedarfsschätzungen (probeweise Zeitbedarf testen!)**
- **Übernahme des erforderlichen Zeitbedarfs (einschließlich der Zeitreserven) in die mittel- und kurzfristigen Zeitpläne.**

Last not least ist alle Planung sinnlos, wenn sie nicht in die Tat umgesetzt wird. In unserem Zusammenhang bedeutet das die Übernahme des Lernsolls und die dafür vorgesehenen Zeiten in die kurz-, mittel- und langfristigen Zeitpläne (vgl. Kap. 3.4 lang-, mittel- und kurzfristige Zeitplanung) und deren genaue Beachtung.

[22] Herausgegeben vom Sekretariat der ständigen Konferenz der Kultusminister der Länder in der Bundesrepublik Deutschland, Neuwied (Luchterhand), 1975.

Formblatt 13

Planungsschema zur Prüfungsvorbereitung

Fach: ....

	Ist-Zustand			Soll-Zustand				Soll-Zeit-Abstimmung
Prüfungsanforderungen: Themenbereiche	Davon beherrsche ich:			Dazu benötige ich:				Geschätzter Zeitbedarf (Stunden)
	vollständig	teilweise	nicht	Lehrbuch	Kap. Seite	Mitschrift	Sonst. Unterlagen	
								Summe .... +Reserve (ca. 40-50%) .... +Gesamtwiederholung .... Zeitbedarf Total

11.2.3. Kurzfristige Prüfungsplanung

Trotz der vorgeschlagenen lang- und mittelfristigen Maßnahmen bleibt es in der Regel nicht aus, daß wir in den Wochen vor dem Prüfungstermin die Anstrengungen intensivieren. Damit sie nicht zum Streß werden, gibt es auch hier zu beachtende Regeln:

Prüfungsablauf üben

Bei der *schriftlichen Prüfung* bieten sich Aufgaben an, die den gleichen Schwierigkeitsgrad und Umfang wie echte Prüfungsaufgaben haben, z. B. Aufgaben früherer Abiturprüfungen; Modellaufgaben aus den Abituranforderungen (Lehrer um Probeklausuren bitten). Diese Aufgaben löst man mit den gleichen Hilfsmitteln und im selben Zeitraum, wie sie für die Abiturprüfung zur Verfügung stehen.
Für *mündliche Prüfungen* versucht man, sich in die Rolle des prüfenden Lehrers zu versetzen und den Stoff in Fragen umzuformulieren und zu beantworten. Die Antworten sind anschließend mit den Prüfungsunterlagen zu vergleichen. Hierfür eignet sich in besonderer Weise das Lesen nach der Drei-Schritt-Methode (Kap. 7) und die Zusammenarbeit mit anderen Prüflingen (Kap. 10. Einzelarbeit oder Zusammenarbeit?).

Paukstoff strukturieren und lernen

Da mündliche Prüfungen zu einem wesentlichen Teil aus der Abfrage von erlerntem Wissen und Aufzeigen von Zusammenhängen bestehen, ist es zweckmäßig, den Paukstoff zu strukturieren, indem man ihn selbst in übersichtliche und sinnvolle Zusammenhänge bringt, z. B.
— synoptische Aufbereitung einer Geschichtsepoche
— Stoffgliederungen
— graphische Darstellungen
— Tabellen
— tafelbildähnliche Strukturierung
— Gedankenflußplan (vgl. Gedankenflußplan am Ende dieses Kapitels)
— Anlage einer Lernkartei.

Vorbereitungsgebiete wechseln

Weil das Lernen von Paukstoff schnell zur Ermüdung führt und außerdem leicht Interferenzerscheinungen auslöst, empfiehlt sich gerade hier, die Wissensgebiete zu wechseln und nicht länger als 30—40 Minuten bei einem Stoff zu verweilen.

Normales Leben führen

Auch eine normale Lebensführung, die keinen grundsätzlichen Wechsel im Lebensrhythmus anzielt, d. h. Beachtung der normalen Schlafenszeiten, Essensgewohnheiten, Arbeitsphasen und Pausen, hilft Überforderung und Nervosität zu vermeiden. Eine Gewaltkur mit einem 16-Stunden-Tag kann der Umgebung zwar imponieren, ist aber sinnlos, da jeder Mensch nur eine begrenzte Lernkapazität hat.

Zeit für Gesamtwiederholung einplanen

Am Ende einer größeren Prüfungsvorbereitung sollte unbedingt eine Gesamtwiederholung stehen, die der Zusammenschau der gelernten Einzelstoffe dient. Sie sollte spätestens einen Tag vor der Prüfung beendet sein.
Der letzte Tag vor dem Prüfungstermin dient ausschließlich der Entspannung. Kurzfristig vor einer Prüfung angelesenes Wissen wird nicht mehr mit den vorhandenen Kenntnissen verknüpft und stört darüber hinaus als ekphorische Hemmung das Hervorholen gelernter Kenntnisse während der Prüfung.
Dieses abrupte Abbrechen in einer Phase hoher Motivation und Konzentration erfordert zwar eine Willensanstrengung, ist aber lernpsychologisch ratsam.

11.3. Prüfungsverhalten

11.3.1. Schriftliche Prüfungen

Für die Arbeit in schriftlichen Prüfungen gibt es einige erprobte Regeln, die Ihnen von Nutzen sein können:

Sorgfältig Aufgabenstellung und mögliche Hilfen beachten

Schwierigkeitsgrad der Aufgaben und gegebenenfalls Bewertungsschlüssel prüfen

Zeit entsprechend Umfang und Schwierigkeitsgrad der Aufgaben planen

Eine Aufgabe, die nur 10 % der Gesamtwertung ausmacht, sollte auch nicht mehr als 10 % der verfügbaren Zeiten in Anspruch nehmen.

Nach Möglichkeit die Aufgaben in der Reihenfolge lösen, wie man sie am besten kann

Nach jeder Aufgabe ausreichend Platz für spätere Hinzufügungen lassen

Aufgabenstellung im Auge behalten; Abschweifungen vermeiden; den Aufgaben angemessene Darstellungsform beachten, z. B. knappe, präzise Formulierungen und eingeführte Fachterminologie in den Naturwissenschaften

Bei längeren Abhandlungen nicht darauflosschreiben, sondern vorher Stoff sammeln und gliedern

Erst leichtere Aufgaben lösen

Dies schafft Erfolgserlebnisse, dämpft die Nervosität und schafft Selbstvertrauen.
Bei Schwierigkeiten zu anderen Aufgaben übergehen, aber Lücken lassen, die später ausgefüllt werden können

Prüfungen durchstehen und die zur Verfügung stehende Zeit voll nutzen
Oft fallen einem fehlende Details und Lösungsmöglichkeiten plötzlich ein.
Zeit einplanen für die Schlußkorrektur (Rechtschreibung, Zeichensetzung, Unterstreichungen, Kapitelkennzeichnung und sonstige Formalien).

11.3.2. Mündliche Prüfungen

Mündlichen Prüfungen muß sich der Schüler im normalen Schulalltag in den verschiedenen Fächern laufend unterziehen. Infolge der Häufigkeit solcher Prüfungen sind diese gewohnt, und die Situation ist für den Schüler durchschaubar.

Eine Sonderstellung nimmt in der Schule die Abiturprüfung ein, deren mündlicher Teil sich von vielen anderen Prüfungen dadurch unterscheidet, daß sie häufig vor einem größeren Zuhörerkreis über relativ umfangreiche Stoffgebiete stattfindet.

Trotz dieser zunächst als Erschwerung erscheinenden Umstände kann diese Prüfung an Schrecken verlieren, wenn man bedenkt, daß der Prüfling Eigenarten, Vorlieben und Fragestellung des prüfenden Lehrers aus jahrelanger Erfahrung abzuschätzen weiß. Hilfreich kann auch die Einsicht sein, daß der Prüfer selbst sich gegenüber seinen Fachkollegen bzw. Vorgesetzten in einer prüfungsähnlichen Situation befindet. Dagegen trifft der Student meistens auf kleinere und häufig auch anonyme Prüfungsgremien, wodurch sich die nicht kalkulierbaren Faktoren erhöhen.

Allgemein gibt es dennoch einige brauchbare Tips für das Verhalten in mündlichen Prüfungen. In Anlehnung an Walter F. Kugemann (Kopfarbeit mit Köpfchen, München 1975) geben wir Ihnen die 10 folgenden Verhaltensregeln:

Denken Sie laut!

Weil die mündliche Prüfung ein Gespräch ist, stirbt die Unterhaltung, wenn man glaubt, nur fertige Ergebnisse vortragen zu dürfen. Wichtig ist, dem Prüfer Gelegenheit zu geben, zu erkennen, wie man zu Resultaten kommt; und nur so kann der Prüfer korrigierend und lenkend eingreifen, sobald man auf Abwege oder in Sackgassen zu geraten droht. Die meisten Prüfer sind ja bereit, Hilfe zu geben, wenn man ihnen auch Möglichkeiten dazu bietet.

Beachten Sie die Fragestellung und reagieren Sie!

Der Prüfer erwartet eine Reaktion auf seine Frage. Geben Sie zu erkennen, ob Sie die Frage gehört und verstanden haben, z. B. durch Wiederholung oder durch eine Formulierung der Aufgabe mit eigenen Worten. Wenn das geschieht, kann man mit dieser wiederholenden Formulierung testen, ob die Richtung des vorgestellten Lösungsweges stimmt, z. B.: „Meinen Sie Ihre Frage in Richtung auf . . .?“ „Wollen Sie von mir hören, was . . .?“
Verunsichern Sie nicht den Prüfer durch beharrliches Schweigen!

Nicht gleich resignieren!

Wer alles auf Anhieb weiß, erhält eine sehr gute Note; zwischen „bestanden“ und „nicht bestanden“ liegt aber eine Skala von weiteren drei Noten, d. h., daß man nicht sofort passen muß, wenn man eine Frage nicht sogleich vollständig beantworten kann.

Jede Prüfung hat Teile, in denen man Fragen nur teilweise oder gar nicht beantworten kann. Es empfiehlt sich dann, anstatt aufzugeben oder zu verstummen, Lücken offen einzugestehen, aber das zu äußern, was man weiß. Dazu eignen sich z. B. folgende Formulierungen:
„Ich bin mir nicht sicher, aber ich glaube, es könnte ungefähr so sein, daß ...", oder „mir fällt im Augenblick der Ausdruck nicht ein, aber es handelt sich, ...", und man versucht den Gegenstand mit anderen Worten zu umschreiben.

Beachten Sie die Reaktionen des Prüfers!

Prüfer reagieren normalerweise auf falsche oder zutreffende Antworten mit Gesten, zustimmenden oder ablehnenden Gebärden. Diese Hilfen und Tips muß man beachten, da sie einem Hinweise geben, ob man auf der richtigen oder falschen Fährte ist. Auch hier gilt: Stummes Nachdenken provoziert keine Hilfen.

Denken Sie nicht zu kompliziert!

Verstellen Sie sich Lösungswege nicht durch kompliziertes Denken. Häufig wird viel Einfacheres und Näherliegendes gefragt, als man vermutet. Gerade zu Beginn einer Prüfung versuchen Prüfer durch einfache Fragen und Rückgriff auf Spezialgebiete, dem Prüfling wohlwollend entgegenzukommen, um ihm Selbstvertrauen und Sicherheit zu geben.

Halten Sie nicht mit Ihren Kenntnissen und Fähigkeiten hinter dem Berg!

Bieten Sie dem Prüfer Gelegenheit, Sie über Themen zu prüfen, in denen Sie sich besonders sicher fühlen. Oft läßt sich in Prüfungen durch geschickte „Lenkung" der Prüfende veranlassen, im Rahmen des Prüfungsgegenstandes auf Ihre Hinweise einzugehen. Ob er das tut, ist natürlich in sein Belieben gestellt, wie überhaupt eine solche Lenkung nur geschickt und zurückhaltend versucht werden sollte. Andererseits sind gerade bei festgelaufenen Prüfungen Prüfer dankbar, wenn Sie ihnen solche Hilfen anbieten. Manche Prüfungen wurden dadurch noch erfolgreich abgeschlossen.

Prüfungsmätzchen kommen bei den Prüfern nicht an!

Versuchen Sie nicht, den Prüfer für dumm zu verkaufen. In der Regel hat er Routine im Prüfen und durchschaut Sie schnell. Es hat keinen Sinn, Prüfer zu verärgern durch Formulierungen wie: „Also, Sie können mir glauben, vorhin habe ich es noch gewußt . . .!"; „Gestern wußte ich es noch ganz genau, heute komme ich nicht mehr darauf . . ."; „Das haben Sie aber in der Klasse ganz anders gesagt . . .!"; „In dem Buch von XY steht das aber ganz anders"; oder wenn der Prüfer eine Frage selbst beantwortet, sich diese Antwort zu eigen zu machen mit der Formulierung: „Genauso habe ich es gemeint".

Prüfungsnervosität ist normal und wird vom Prüfer akzeptiert.

Prüfer sind auch Menschen, die Prüfungen hinter sich gebracht haben. Sie kennen feuchte Hände, leicht zitternde Knie und nervöse Gesten und haben für natürliche Nervosität Verständnis.
Kein Verständnis und kein Mitleid empfinden sie, wenn Nervosität als Entschuldigung für mangelhafte Leistungen vorgetäuscht wird. Wer z. B. des öfteren ausdrücklich betont, daß seine übergroße Erregung alles verschütte, was er gestern noch gewußt habe, macht sich unglaubwürdig und verscherzt sich Sympathien. Eine der Prüfungssituation angemessene Nervosität ist natürlich, häufig sogar aktivierend. Deshalb kann man sie ruhig zeigen.
Wie im Auto die Sicherheitsgurte nur Hilfen darstellen, gefährliche Situationen mit einiger Aussicht auf Überleben und begrenztem Risiko zu überstehen, bleibt das vernünftige Fahrverhalten Voraussetzung für die Sicherheit des Autofahrers. Für Prüfungen gilt in analoger Weise, daß eine solide Vorbereitung die beste Aussicht auf Prüfungserfolg gewährleistet. Sie schafft Selbstvertrauen, baut Ängste ab und hält die Nervosität in Grenzen. Eine realistische Einschätzung seiner „Fahrkünste", d. h. seiner Fähigkeiten und Kenntnisse und damit der erreichbaren Prüfungsergebnisse, baut Angst vor Versagen, Selbstüberschätzung und übersteigerte Erwartungen ab und stabilisiert Psyche und Nerven. Wer jahrelang in einem Prüfungsfach nur eine „Vier" hat, kann schlechterdings in einer Prüfung nicht auf eine „Zwei" hoffen. Wer andererseits kontinuierlich eine gute Note hat, kann realistischerweise auch in der Prüfung ein ähnliches Ergebnis erwarten.
Auf keinen Fall sollte man Prüfungen panikartig vorzeitig abbrechen, sondern durchstehen. Prüfungsmißerfolge sind in der Regel durch Wiederholung wettzumachen.

11.4. Gedankenflußplan zu Kapitel 11

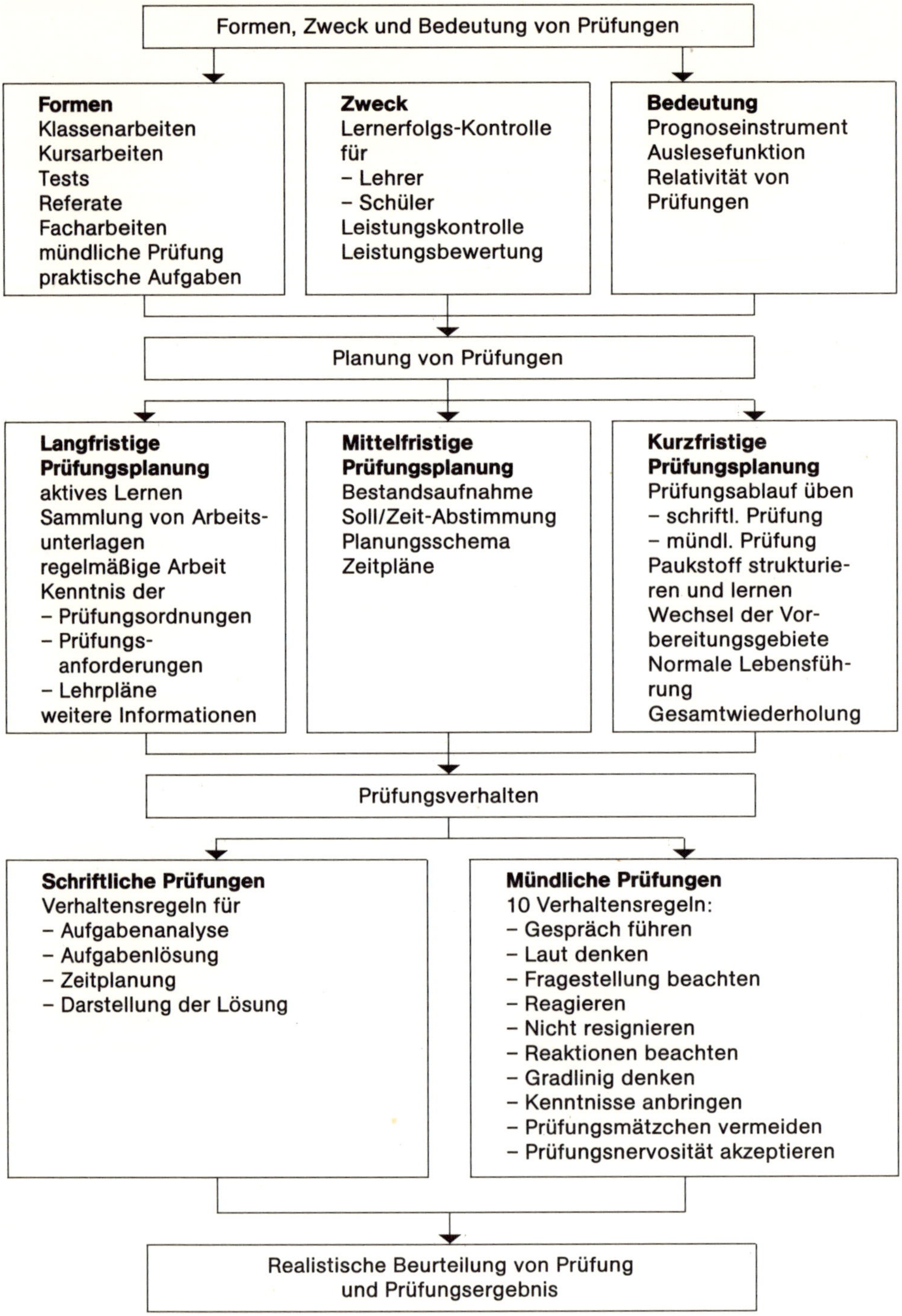

□ *Aufgaben*

1. *Stellen Sie in anologer Weise einen Gedankenflußplan zu Kap. 3: „Überprüfen Sie Ihre Zeiteinteilung und genießen Sie ihre Freizeit“ her!*
2. *Verfertigen Sie einen Gedankenflußplan zu einem Kapitel eines Lehrbuches oder einer Unterrichtsmitschrift, so daß er Ihnen zur Wiederholung oder Prüfungsvorbereitung dienen kann!*

12. Anhang

12. 1. Verzeichnis der verwendeten und weiterführenden Literatur

Allan, Clifford: Passing Examinations, London (Pan Books), 2. Auflage, 1972

Apenburg, Eckhard, Ruth Grosskopf, Hartmut Schlattmann: Orientierungsprobleme und Erfolgsbeeinträchtigung bei Studierenden. Bericht über eine Befragung von 4500 Studenten, Saarbrücken (Masch.), 1974

Bangen, Georg: Die Schriftliche Form germanistischer Arbeiten, Stuttgart (Metzler), 7. Auflage, 1975

Becker, M., W. Sämann: Störfaktoren und ihre Auswirkungen bei geistiger Arbeit, in: REFA-Nachrichten 24 (1971), Heft 1, S. 17—24

Beer, Ulrich: Methoden der geistigen Arbeit, Tübingen (Katzmann), 6. Auflage, 1973

Correll, Werner: Lernpsychologie. Grundfragen und pädagogische Konsequenzen, Donauwörth (Ludwig Auer), 12. Auflage, 1972

Einheitliche Prüfungsanforderungen in der Abiturprüfung, hrsg. v. Sekretariat der Ständigen Konferenz der Kultusminister der Länder in der Bundesrepublik Deutschland, Neuwied (Luchterhand), 1975

Finkenstaedt, Thomas (Hrsg.): Erfahrungen mit Studienanfängern. Eine Umfrage an der Universität des Saarlandes, Saarbrükken, 1969

Foppa, Klaus: Lernen, Gedächtnis, Verhalten. Ergebnisse und Probleme der Lernpsychologie, Köln und Berlin (Kipenheuer & Witsch), 7. Auflage, 1970

Funkkolleg Pädagogische Psychologie — Studienbegleitbriefe, Weinheim-Basel (Beltz), 1973

Geißner, Hellmut: Rhetorik, bsv-Studienmaterial, München (Bayerischer Schulbuchverlag), 2. Auflage, 1974

Geißner, Hellmut: Rhetorik und politische Bildung, Kronberg/Ts. (Scriptor), 1975

Grandjean, Etienne: Physiologische Arbeitsgestaltung. Leitfaden der Ergonomie, Thun und München (Ott), 2. Auflage, 1967

Heyde, Johannes E.: Technik des wissenschaftlichen Arbeitens, Berlin (Kiepert), 10. Auflage, 1970

Hofstätter, Peter R.: Gruppendynamik. Kritik der Massenpsychologie, Reinbeck bei Hamburg (Rowohlt), 12. Auflage, 1971

Informationen zur politischen Bildung, hrsg. v. Bundeszentrale für politische Bildung, Heft 145, Neudruck 1974

Joerger, Konrad: Lernprozesse bei Schülern, Stuttgart (Klett), 1975

Krech, David, Richard S. Crutchfield, Egerton Ballachey: Individual in Society. A textbook of social psychology, New York (McGraw-Hill), 1972

Kugemann, Walter F.: Kopfarbeit mit Köpfchen. Moderne Lerntechnik, München (Pfeiffer), 11. Auflage, 1975

Kugemann, Walter F.: Lerntechniken für Erwachsene, Stuttgart (Deutsche Verlagsanstalt), 1972

Leitner, Sebastian: So lernt man lernen, Freiburg-Basel-Wien (Herder), 7. Auflage, 1972

Morgan, Clifford, James Deese: How to Study, New York (McCraw-Hill), 1957

Müller-Merbach, Heiner: Einführung in die Betriebswirtschaftslehre für Erstsemester und Abiturienten, München (Vahlen), 2. Auflage, 1975

Musil, Robert: Der Mann ohne Eigenschaften, Hamburg (Rowohlt), 1952

Naef, Regula D.: Rationeller Lernen lernen, Weinheim und Basel (Beltz), 7. Auflage, 1975

Oerter, Rolf: Moderne Entwicklungspsychologie, Donauwörth (Auer), 14. Auflage, 1974

van Parreren, C. F., J. Peeck, E. Velema: Erfolgreich studieren. Praktische Hinweise für das Hochschulstudium, Wien (Herder & Co.), 1969

van Parreren, Carel F.: Lernen in der Schule, Weinheim-Basel (Beltz), 5. Auflage, 1974

Robinson, Francis: Effective Study. Revised edition, New York (Harper & Row), 1961

Roth, Heinrich (Hrsg.): Begabung und Lernen, Stuttgart (Klett), 9. Auflage, 1974

Scheer, Jörn W., Helmut Zenz: Studenten in der Prüfung, Frankfurt (Aspekte Verlag), 1973

Schraeder-Naef, Regula D.: Schüler lernen lernen, Weinheim (Beltz), 1977
Seidenspinner, Gundolf: Wissenschaftliches Arbeiten (Schriften der Deutschen Studentenschaft 4), Aichach (Mayer und Söhne KG), 3. Auflage, 1973
Standop, Ewald: Die Form der wissenschaftlichen Arbeit, Heidelberg (Quelle u. Meyer), 6. Auflage, 1975
Stadler, Hermann (Hrsg.): Deutsch. Verstehen — Sprechen — Schreiben, Fischer Kolleg 6, Frankfurt a. M. (Fischer), 1973
„Stuttgarter Empfehlungen" der Kultusministerkonferenz vom 28./29. September 1961
Thiel, Hans: Unsere Muttersprache. Arbeitshefte für den Deutschunterricht, Heft 6, Frankfurt-Berlin-Bonn-München (Diesterweg), 6. Auflage, 1968
Ulshöfer, Robert: Theorie und Praxis des Kooperativen Unterrichts, Bd. 1: Grundzüge der Didaktik des Kooperativen Unterrichts, Stuttgart (Klett), 2. Auflage, 1975
„Vereinbarung zur Neugestaltung der gymnasialen Oberstufe in Sekundarstufe II vom 7. Juli 1972" (Beschluß der Kultusministerkonferenz)
Vester, Frederic: Denken, Lernen, Vergessen, Stuttgart (Deutsche Verlagsanstalt), 1975
Weischedel, Wilhelm: Die philosophische Hintertreppe. 34 große Philosophen im Alltag und Denken, Darmstadt (Wissenschaftliche Buchgesellschaft), 1973
Wernicke, Uta: Sprachwissen. Lehr- und Arbeitsbuch Deutsch Sekundarstufe II, Hamburg (Handwerk und Technik), 7. Aufl. 1975
Wiedemann, Fritz: Geistig mehr leisten. Wege erfolgreicher Denkarbeit für Vielbeschäftigte, Stuttgart-Degerloch (Forkel-Verlag), 11. Auflage, 1973
Zielke, Wolfgang: Leichter lernen — mehr behalten, München (Verlag Moderne Industrie), 1966

12. 2. Sachregister

Die Autoren:

Dr. Friedhelm Hülshoff, geb. 1933, Professor für Betriebswirtschaftslehre an der Fachhochschule des Saarlandes, Lehrbeauftragter für Arbeitslehre an der Pädagogischen Hochschule des Saarlandes, Vorsitzender des Beirats des „Modellversuchs Integrierte Studienberatung“ der Hochschule des Saarlandes.

Rüdiger Kaldewey, geb. 1939, Studium der Germanistik und Theologie, Studiendirektor am Staatlichen Gymnasium am Rotenbühl Saarbrücken, Fachleiter für Religionspädagogik am Staatlichen Studienseminar Saarbrücken, Vorsitzender der Lehrplankommission Katholische Religionslehre in der Reformierten Oberstufe.

Gerhard Weber

Es paßt mir nicht mehr zuhause

26 Interviews mit 14- bis 20jährigen

159 Seiten, kart. 6.– DM (Klett-Nr. 92 878)

Stefanie, 15 Jahre: Ach ja, zuhause gibt es öfters Ärger. Wenn mein Vater von der Arbeit kommt und was getrunken hat, fängt er erst mal an, übers Essen zu mäkeln: „Es ist zu wenig Soße da und – das, was ist das hier – Gemüse?“ Dann schreit er mich an: „Willst du mir nicht endlich mal dein Zeugnis zeigen?“ Ich krame mein Zeugnis heraus, geb ihm das, und dann sagt er: „Na, überragend ist das ja gerade nicht!“ Und ich hatte vier Dreien, eine Zwei und sonst Vieren. Ich hatte mich so gefreut, daß ich keine Fünf hatte, und da fängt er so was an und meint noch: „Ich werde meine Konsequenzen ziehen!“

Sonst unterhalten wir uns innerhalb der Familie gar nicht – fast gar nicht. Wenn mein Vater mittags von der Arbeit kommt, ißt er, legt sich hin, steht so gegen fünf, sechs auf, dann ißt er wieder, legt sich auf die Couch und guckt Fernsehen – bis elf. Dann legt er sich ins Bett. Toll, nicht? Meine Mutter regt sich darüber auch auf: „Nicht geredet, nicht mal drei, vier Sätze redet der mit einem . . .“ Da kann ich meine Mutter verstehen. Mit uns redet der genauso selten, nur, wenn wir irgendwas machen sollen.

Ein gutes Beispiel geben mir meine Eltern nicht. Ich hoffe, ich kann's besser machen. Aber ich glaub schon, daß man auch am schlechten Beispiel etwas lernen kann. Vieles, was meine Eltern für gut empfinden, würde ich meinen Kindern nie zumuten. Zum Beispiel ist mein Vater ja der Ansicht, daß ich so in meinem Alter noch gar nicht weg dürfte, abends. Früher, so sagt er, durften sie überhaupt nicht weg, auch nicht mit 16. Ab 16 läßt er uns aber bis zehn weg und ab 18 dann so lange wir wollen. Das find ich nun wieder nicht gut. Die zwei Jahre Unterschied machen doch kaum was aus. Ich muß mit 15 um neun zuhause sein. Komme ich etwas später, dann schreit er gleich rum. Neulich war er nicht da, und da bin ich etwas früher gekommen, meine Mutter hat sich gefreut. Sie hat halt Angst, daß ich mit Jungs und so . . .

Wenn mir mal etwas nicht paßt, schrei ich meine Eltern auch an, das können sich vielleicht andere nicht so erlauben. Wenn ich z. B. von der Schule komme, soll ich sofort abwaschen, weil es noch nicht gemacht ist. Darüber kann ich mich aufregen. Und wenn ich dann aufgebracht sage, daß ich nicht abwasche, daß ich lieber weggehe, dann brüllt sie: „Dann kriegst du eben nichts zu essen!“ Und ich brüll zurück: „Dann krieg ich eben nichts zu essen, dann kauf ich mir irgendwo was.“ – Ein bißchen Geld hab ich, ich bring Pfandflaschen weg oder Markenbücher, und ich bekomme 16 Mark im Monat Taschengeld.

Alles in allem, es paßt mir nicht zuhause. Und wenn ich ausgelernt habe, dann geh ich weg, d. h. wenn sie mich weglassen; das habe ich mir fest vorgenommen. Allerdings habe ich schon von vielen gehört, daß sie dann mit dem Geld nicht auskommen. Aber, versuchen kann man es ja wenigstens.

Meine Konsequenzen sind die, aus den Fehlern zu lernen, die ich bei meinen Eltern festgestellt habe, um es später anders zu machen und so schnell wie möglich von zuhause weg.

Mit Klett Training zum Schulerfolg

Günther Busse

Training Gedichtinterpretation
Oberstufe

115 Seiten, kart., (Klettbuch 92892)

Dieses Trainingsbuch führt schrittweise in das Verständnis poetischer Texte ein. Es leitet zu selbständiger Arbeit an und vermittelt dem Schüler Grundkenntnisse der Interpretation, die er auch bei der Behandlung epischer und dramatischer Werke anwenden kann. Er wird methodisch geschult und eingeübt, Texte verschiedener Schwierigkeitsgrade – von der Wiedergabe mit eigenen Worten bis zur detaillierten Interpretation – selbständig zu verfassen.
Die Kapitel des Buches behandeln folgende Aspekte: die Funktion der Form eines Gedichts; wie die Bedeutung der Wörter erschlossen werden kann; die Rolle der Motive für die Zuordnung eines Gedichts zu den Hauptepochen der Literatur und die inneren Beweggründe, die dem Schreiben von Gedichten zugrundeliegen; schließlich ein Überblick über die Hauptthemen, die die Lyriker seit je beschäftigen.
Diese Hauptaspekte – Form, Bedeutung, Motiv und Motivation, Thematik – werden an zahlreichen Gedichtbeispielen gründlich erläutert. Zum Nachschlagen werden Übersichten angeboten, z. B. über die Bauformen von Gedichten. Zusammenstellungen von Arbeitsfragen erleichtern dem Schüler eine zielgerichtete selbständige Arbeit am Text.

Wilhelm Lang

Training Latein II
Grammatiktips und Übersetzungshilfen ab dem 3. Lateinjahr

99 Seiten, Beilage: Übersetzungstexte und Folien,

kart., (Klettbuch 92893)

In einem Kurzlehrgang Grammatik sind die aus der Schulpraxis geläufigen „Stolpersteine" zusammengefaßt – zum Wiederholen, zum Üben, zum Nachschlagen.
In einem exemplarischen Vokabular – alphabetisch geordnet nach Wortfamilien – wird aufgezeigt, wie man sich schwierige Vokabeln einprägt: durch Wortbildungstypen, durch Teile von Wortfamilien und den Anschluß an moderne Wörter, durch Hinweise auf Verwechslungsmöglichkeiten.
Übersetzungstechniken werden an 12 lateinischen Texten verschiedener Schwierigkeitsgrade geübt. Dabei helfen die neuartigen Übersetzungsfolien und die rot eingedruckten Hilfszeichen, die die Beziehungen der Satzteile deutlich machen. Zur Selbstkontrolle gibt es zu jedem Text Hinweise auf Wörter und Grammatik sowie eine Erst- und eine Endübersetzung.